クラウドで育てる
次世代型
情報活用能力

Google for Education による新しい学び

堀田龍也×
山内祐平
編著

小学館

取材・文　　長井 寛
装画　　　　岡本かな子
装幀・組版　近田火日輝（fireworks.vc）

目 次

ま え が き

2020年は、新型コロナウイルス感染症(COVID-19)の流行が世界を揺さぶった1年でした。

多くの大学では、ほとんどの授業がオンラインに移行しました。もちろんそれなりの戸惑いはありましたが、多くの大学生はコンピュータを購入していますので、何とかなりました。それでも、普段はそんなにインターネットを使わない契約になっている学生がいるなどの点で、支援が必要な場合がありました。オンラインで授業をする大学教員も、Google Classroom や Google Meet™ などの活用にチャレンジし、次第に慣れていきました。

一方、初等中等教育では、そうはいきませんでした。児童生徒は学習用のコンピュータを持っていません。そもそも、学校の授業でコンピュータを活用することがあまりありません。大人の私たちが、1人1台のコンピュータを普段からさまざまに活用して業務をこなしていることとはかけ離れています。文書作成やスライド作成、インターネット検索や電子メール等で関係者とのメッセージ交換や情報共有ができなければ、おそらく仕事にならないでしょう。でも、学校では、コンピュータを活用して学ぶことはほとんどないのです。これは世界的な傾向なのでしょうか。

文部科学省が2020年7月下旬に刊行した2019年度「文部科学白書」では、経済協力開発機構 (OECD) が2018年度に実施した「生徒の学習達成度調査 (PISA)」の結果が掲載されています。この調査では、学力の国際比較のほかに、参加国の15歳 (義務教育修了程度) の生徒が学習場面や生活場面でどの程度ICTを活用しているかについて調査しています。

具体的な調査の結果は、PART 1で語られていますので、ここでは割愛しますが、我が国の子供たちは、コンピュータを活用した学習経験が、授業中であっても学校外であっても他のOECD諸国に比べ圧倒的に少ないことがデータで示されました。学校の学習でコンピュータを活用して学習することがほとんどないため、学習の道具としてコンピュータを用いる経験が大きく不足しているのです。コンピュータを使って行う活動のほとんどが消費的な活動に費やされ、情報を取り扱って知的に学ぶ経験が不足しているのです。

　私たち大人が仕事の道具としてコンピュータを活用する際には、さまざまな情報を取り寄せ、その質を吟味し、取り組んでいる課題に対してどの情報を利用することが適切かを検討します。一人で仕事を進めることのほかに、チームでの問題解決のために、情報の共有をし、コラボレーションをします。さらに、ちゃんと問題が解決したかどうかを見極め、現在の進め方で良いのかどうか、改善すべきとしたらどこかなど、情報活用の過程を見直します。

　学習の場でコンピュータを活用することも同じことです。大人でいう「仕事」の代わりに、子供たちは「学習」をしていると考えればわかりやすいでしょう。先生の説明などを聞くような従来の学習のほかに、コンピュータを活用して「大人のように」学習することを経験させたいものです。

　2020年に国会を通過した補正予算である「GIGAスクール構想」によって、全国の義務教育段階の学校の子供たちには、1人1台のコンピュータが行き渡ることになります。GIGAスクール構想で前提としている1人1台のコンピュータ、高速ネットワーク、クラウドのツールやサービスの活用が、全国の学校で可能となるのです。次なる課題は、導入されたコンピュータを活用して、情報活用能力を身につけさせ、身につけた情報活用能力を発揮させて各教科等の学習を「大人のように」展開させることです。

そこで本書では、教育工学を専門にする有識者がさまざまに検討し取り組んできた実践研究の内容や成果を、より多くの先生たちに伝えることを目的にしました。これらの実践研究は、GIGAスクール構想において最も多く導入されるコンピュータであるChromebook™や、代表的なクラウドソリューションであるGoogle Workspace for Educationを活用したものであり、したがって広く学校現場の役に立つことを想定しています。

　メインテーマは「次世代型情報活用能力」の育成とし、五つのプロジェクトに関わった有識者に、それぞれのプロジェクトのデザインや成果について対談をしてもらう形を取りました。

　PART 1は、本書の編者である堀田龍也（東北大学大学院 情報科学研究科）と山内祐平（東京大学大学院 情報学環）がGoogle for Educationの小出泰久氏を招いて鼎談した記録です。コロナ禍という歴史的な出来事において、大学や小・中・高校で取り組まれたオンライン学習の様子から、これからの時代の学びをどう考えていくべきか、そのためにICTやクラウドをどのようにとらえていけばいいのか、対面とオンラインの組み合わせの考え方や学習内容との関係について議論しています。

　PART 2は、GIGAスクール構想の本格的活用が始まるのに先駆けて取り組まれた公立小学校2学級での実践研究について、本書の編者である堀田龍也と、佐藤和紀（信州大学教育学部）、三井一希（常葉大学教育学部）、渡邉光浩（鹿児島女子短期大学）が座談した記録です。端末が教室にやって来たその日からの約3か月間の定点観測の結果について、子供の様子や操作スキルの習得の過程、教師の不安や授業への挑戦、学習ログから見えてくることなどが克明に語られています。いわば、GIGAスクールの「初めの一歩」の実践研究です。

　PART 3は、本書の編者である堀田龍也が、高橋純（東京学芸大学教育学部）

と、これからの教員研修、教員養成について対談した記録です。従来の教員研修の方法にこだわらず、オンライン化できるものは可能な限りオンラインにシフトすることや、それによって先生たちの意識が次第に変わってくることを大切にすべきだし、教員養成段階でも積極的にクラウドを活用していこうという議論をしています。

PART 4 は、本書の編者である山内祐平が、東京大学と関西学院千里国際高等部との共同研究である「コンフリクトを乗り越えるプロジェクト学習」について、プロジェクトメンバーの池尻良平（東京大学大学院 情報学環）と山本良太（東京大学大学院 情報学環）と鼎談した記録です。1人1台のコンピュータを活用したプロジェクト学習において、コンフリクトを生じさせるための学習課題の工夫やグルーピングの工夫、先生の支援の工夫などについて紹介しています。

PART 5 は、本書の編者である山内祐平が、同じく池尻良平と村井裕実子（サイモンフレイザー大学）とともに、創造的プログラミングと教科学習の両立について鼎談した記録です。小学生が、社会科の発展的な学習において、プログラミングをしながら問題を解決する際に、試行錯誤を繰り返しながら次第に意図したものに近づいていくというプロセスの醍醐味について語られています。

GIGA スクール構想がいよいよスタートするというこのタイミングで、本書を世に出すことができることを編者としてうれしく思います。すべての座談会に立ち会い、文章化していただいたライターの長井寛氏と、編集者として進行管理をしていただいた小学館の白石正明氏に感謝申し上げます。また、本書に掲載されているすべてのプロジェクトは、いずれも Google for Education の多大なるご協力によるものです。ここに記して感謝申し上げます。

編者を代表して　堀田龍也

GIGAスクールがなぜ必要か。
子供の学びはどう変わるのか。

そもそもGIGAの目的は？　新型コロナ対応だけではない

　1人1台のPC、高速ネットワーク、そしてクラウドといったGIGAスクール環境の活用が、2021年度から本格的にスタートします。GIGAスクール構想は、「令和の時代における学校のスタンダード」であり、「これからの学校教育は劇的に変わる」と、萩生田光一文部科学大臣は述べています。

　なぜ政府は巨額の予算を使い、GIGAスクール構想のICT環境整備を行ったのでしょうか。新型コロナ禍で臨時休業になっても「学びを保障」するためでしょうか。それは目的の一つに過ぎません。令和元年12月、萩生田文科相は、GIGAスクール構想について、「子供たちが変化を前向きに受け止め、豊かな創造性を備え、持続可能な社会の創り手として、予測不可能な未来社会を自立的に生き、社会の形成に参画するための資質・能力を一層確実に育成していく」ことが目的だと、メッセージを発しました。つまり、GIGAスクール構想は、「新しい時代を担う人材に求められる資質・能力の育成」をすることが大きな目的であり、そのための環境整備なのです。

　これから子供たちが歩んでいく道のりは、決して平坦ではありません。少子高齢化と人口減少には歯止めがかからず、労働人口はますます減っていきます。一人ひとりが生産性を上げ、今までの働き方を変えて効率と効果を向上させなければ、社会がもたなくなる恐れがあります。そのためには、ICTの活用がもはや必要不可欠です。民間企業では、ICTを活用することで、

少ない働き手で効率的に業務を遂行できるようにシフトしています。学校も同様に、機械に任せた方が便利なことは機械に任せ、人間にしかできないことに注力していく方向で見直していかないと、先生方の献身的な努力に頼るだけでは限界がやって来ます。

　ICTは今後も日進月歩で進化し、デジタル技術による変革、いわゆるデジタルトランスフォーメーションが進み、Society 5.0と呼ばれる新しい社会が到来します。だから国も、「デジタル庁」の創設に向けて急ピッチで動いています。それによって消滅する職業もあれば、新たに生まれる仕事もあるでしょう。果たして子供たちが大人になる頃に社会がどうなっているか、誰にも予測はできません。

社会が変わるのだから教育も変わるべき

　これほど社会が激変するのですから、子供に求められる資質・能力も変わらざるをえません。予測不可能な社会において、自ら課題を発見し、多様な人々と協働しながら課題解決に取り組み、社会に関与していく。そして生涯にわたって学び続け、自らの人生やキャリアを作り上げていく。その手段として、さまざまなICTを有効に活用する。そんな力が、これからの子供には必要不可欠です。

　だから新学習指導要領は、「何を知っているか」を重視する従来のコンテンツベースから、「何ができるか」を重視するコンピテンシーベースへと大きく様変わりしました。今や知識を持っているだけでは、予測不可能な社会に対応できません。大事なのは、自分で問題を発見し、その解決のために既知の知識を活用したり、必要な知識や情報を自分で探し集めたり、それらを整理・分析し、まとめ、表現して解決策を考え、判断し、実行していく力です。

（写真提供：常葉大学 教育学部 三井一希）

　だから新学習指導要領では、「言語能力」「問題発見・解決能力」そして「情報活用能力」が、「学習の基盤となる資質・能力」だと位置づけられました。これら「学習の基盤となる資質・能力」を育むためには、「学び方」も変えていかねばなりません。子供が自ら課題を発見し、その解決のために情報を収集・整理・分析したり、友だちや校内外の人たちと対話し、協働しながら考えを深めていくといった「学び方」が必要になってきます。それが新学習指導要領で求められる「主体的・対話的で深い学び」です。

　このような学びを、従来のような紙の教科書やノート、黒板とチョークだけでできるでしょうか？　ICTを学習の道具として使えば、主体的に自分で調べたり、グループやクラス全体で話し合ったり、考えを1人1台でまとめて深めたりするのが、ずっと行いやすくなります。もっと言えば、GIGAスクールの環境がないと新学習指導要領を実施するのは難しいのです。

（写真提供：鹿児島女子短期大学 渡邊光浩）

GIGAスクールの環境が、子供たちの学びを変える

　GIGAスクールでのICT活用は、これまでとはまったく異なることにも、注意が必要です。1人1台の端末や無線LANが整備されれば、子供が端末やネットを使う機会が急速に増えていきます。今までのように特別な授業でのみ使うのではなく、私物の文房具のような感覚で日常的に使います。

　特に授業を大きく変えるのが、Google Workspace for Education のようなクラウドです。その一例を紹介してみましょう。

　まず授業の導入で、先生は Google Classroom を使って、本時のめあてや本時の課題につながる教材や資料を配信します。今まで黒板に板書して示していたことを、クラウドで行うのです。その方が従来よりも早く、みんなに徹底しやすいですし、動画教材やカラー画像など視覚的効果の高い教

材を与えられます。

　対話的な学びでも、クラウドはとても効果的です。Google スプレッドシート™で気づいたことや意見を書き込んでいくと、リアルタイムで全員に共有できます。友だちの意見を参考にしたり、「もっといい意見にしよう!」と意欲を高める効果もあります。グループ活動では、Google スライド™を用いて、みんなで一つのスライドに書き込んでいけます。「共同編集」と呼ばれる使い方ですが、「情報を共有」できるだけでなく、「活動も共有」できると考えるとよいでしょう。

　対話的な学びの成果を自分の学びに活かすときも、クラウドは役立ちます。 Google スライドや Google ドキュメント™を使ってまとめ資料や成果物を作れば、グラフを自作して掲載したり、ネットから収集した画像などを用いるのが容易です。紙に書くよりも書いたり消したりの試行錯誤や改善がしやすいので、理解も深まり、表現力も高まっていきます。作った資料をクラウド上に保存して共有すれば、いつでも友だちからコメントをもらえます。また、いつでも自分の成果物を振り返り、復習もしやすくなります。

　授業の最後に子供たちが理解できたかを確認したいときは、Google フォームを使えば、簡単に小テストを行えます。その結果を次時の授業計画に活かしたり、子供たちのつまずきを解消できる副教材やネット上の教材動画などを提示して自習を促せます。

　子供たちの主体的な学びも、クラウドは促します。わからないことや知りたいことが出てきたら、自分の端末で Google™ を使ってすぐ調べられます。先生から配信された教材動画や資料、自分で探した動画を使って、自宅や休み時間に予習・復習できます。Google Chat™ を使って友だちに質問したり、教え合ったりもできます。Google カレンダー™で自分の学習計画を作って共有すれば、友だちのカレンダーを見て刺激を受けたり、自律的に

学習を進められます。

このようにクラウドは、子供の学習を変え、授業を大きく変える力を持っています。「今までのような『授業の冒頭で先生が課題を与え、活動を指示し、知識を授ける』授業スタイルを変えていく必要がある」と、先行して1人1台とクラウドを活用している先生方は口々に語っています。

こういった活用を行うには、情報活用能力が不可欠

GIGAスクールの環境を活用してこのような学びを実現するには、児童生徒の情報活用能力が必要不可欠です。たとえばタイピングがうまくできなければ、検索したり、クラウドで意見交換したり情報共有するのも、とても苦労します。せっかくいい意見やアイデアが浮かんでいても表現できません。

入力スキルや操作スキルはもちろんのこと、問題の解決に役立つ情報をネット等から探し出す力や、情報の真偽を確かめながら読み解き、さまざまな情報を整理・分析して総合的に判断し、自分なりの意見を形成していくような力も必要です。さらにはICTを「上手に安全に扱う力」、すなわち情報モラルやセキュリティも必要不可欠です。

「教育の情報化に関する手引」には、「情報活用能力」が図（次ページ）のように整理されています。

こういった力は、GIGAスクール環境下での学習はもちろんのこと、大人になって社会に出てからも必須です。だからカリキュラムマネジメントを行って、すべての先生が、すべての子供に、情報活用能力を育まねばなりません。そのためには、先生自身がまず、GIGAスクールの環境に慣れましょう。研修や校務や授業で、使ってみましょう。

教育委員会には、個人情報保護条例の見直し等、先生方がGIGAスクールの環境を使いやすい体制を整えることが求められます。個人情報保護条

情報活用能力の例示

分類			
A 知識及び技能	**1**	情報と情報技術を適切に活用するための知識と技能	①情報技術に関する技能 ②情報と情報技術の特性の理解 ③記号の組合せ方の理解
	2	問題解決・探究における情報活用の方法の理解	①情報収集、整理、分析、表現、発信の理解 ②情報活用の計画や評価・改善のための理論や方法の理解
	3	情報モラル・情報セキュリティなどについての理解	①情報技術の役割・影響の理解 ②情報モラル・情報セキュリティの理解
B 思考力、判断力、表現力等	**1**	問題解決・探究における情報を活用する力（プログラミング的思考・情報モラル・情報セキュリティを含む）	事象を情報とその結び付きの視点から捉え、情報及び情報技術を適切かつ効果的に活用し、問題を発見・解決し、自分の考えを形成していく力 ①必要な情報を収集、整理、分析、表現する力 ②新たな意味や価値を創造する力 ③受け手の状況を踏まえて発信する力 ④自らの情報活用を評価・改善する力　等
C 学びに向かう力・人間性等	**1**	問題解決・探究における情報活用の態度	①多角的に情報を検討しようとする態度 ②試行錯誤し、計画や改善しようとする態度
	2	情報モラル・情報セキュリティなどについての態度	①責任をもって適切に情報を扱おうとする態度 ②情報社会に参画しようとする態度

（出典：文部科学省「教育の情報化に関する手引（追補版）」令和2年6月）

例や自治体のセキュリティポリシー等で、クラウドの利用を禁止したり、先生や子供が使いづらい状態に制限している例が多々見受けられます。これではせっかくGIGAスクールの環境を整備しても、活用が進みません。クラウドを禁止している個人情報保護条例は、もはや時代に合っていません。国も「クラウド・バイ・デフォルト原則」を打ち出し、官公庁においてクラウドを前提とした情報システムの構築と運用に乗り出しています。現在は自治体によって個人情報保護条例が異なっていますが、国はこれを一元化し、統一ルールを全国に適用しようと動いています。

子供たちの未来を切りひらこう

「GIGAスクールのせいで、ただでさえ多忙なのにさらに忙しくなる」と、心配する声も聞きます。しかしこれは誤解で、GIGAスクールには教員の働き方改革につなげるねらいもあります。たとえば教材や校務文書をクラウドを使って先生間で共有したり、共同編集で一緒に作っていけば、とても楽になります。職員会議等の先生間の連絡をクラウドで行うことで、会議を減らせた例も多々あります。

最初は先生も子供も慣れないため、時間や手間が今までよりかかるかもしれません。しかし使い続ければ、必ず楽になります。そして先生も子供も少しずつ慣れて力がついていき、「こんな学習活動をさせてみよう」とアイデアが湧いてきて、授業が少しずつ変わっていきます。授業のデジタルトランスフォーメーションが進んでいくのです。

今までのような「先生が知識を授ける」タイプの授業や学習活動は、減っていくでしょう。単なる知識は、端末を使って調べれば子供が自分で得ることができます。知識や技能の習得も、動画教材やAIドリルなどを使って子供が自分で行うようになるかもしれません。

そうなれば、先生は「先生にしかできない」授業や学習活動を提供していく必要があります。たとえば、子供たちが自ら探求課題を設定しその解決のために、情報収集から整理、まとめなどを自律的に行っていく「プロジェクト学習」もその一例です。これからは、子供がICTを使って主体的・対話的に学び、自ら課題を見つけ解決に取り組み、学びを深めていくような授業が求められていきます。

大事なのは、ICTを学習の道具として使いこなす力。他者と協働しながら、意見や価値観の違いを乗り越えていく力。社会に出てからも学び続け、課

題を発見し、解決策を見出す力。そして新たなアイデアや価値観を創造する力。このような資質・能力が、これからの社会を支えていく子供たちには必要なのです。

　この本では、GIGAスクール構想の実現に尽力された研究者や、GIGAスクールの環境を用いていち早く実証研究を進めてこられた研究者の方々が、さまざまなテーマについて議論した対談、鼎談や座談会を収録しています。GIGAスクールの環境や情報活用能力がなぜ必要なのか。この環境をどう活用し、子供たちにどんな資質・能力を育んでいけばいいのか。そのヒントになるお話が満載です。ぜひ参考にしてみてください。

教育フリーライター　長井寛

鼎談 | 堀田龍也 × 山内祐平 × 小出泰久

PART 1
これからの学びと
クラウド学習環境

東北大学大学院
情報科学研究科
堀田龍也 教授

東京大学大学院 情報学環
山内祐平 教授

グーグル合同会社
Google for Education 日本統括
小出泰久 氏

1. 新型コロナで激変した
学校、企業の学び方・働き方
新型コロナで強いられた変化が元に戻ることはない

堀田——2021年度より、GIGAスクール構想による情報端末の活用が全国で本格的に始まりました。2020年を振り返ると、新型コロナ対応に追われ、GIGAスクール環境の必要性を痛感した1年でした。全国一斉の臨時休業では、「学びを止めない」ために、学校は授業のオンライン化を迫られました。いち早くGIGAスクール環境を整備していた自治体や学校は、1人1台の端末を家に持ち帰らせ、撮影した授業動画を YouTube™ などで配信したり、Google Meet を使って同時双方向授業を行ったりしました。

　しかしオンライン授業を実施できた小中高等学校は、ごく一部に限られていました。ICT環境が整っていなかったり、先生にも子供にもオンライン授業を行うスキルや経験が不足していたり、さまざまな事情からオンライン授業を行えず、「学びが止まってしまう」事態が全国各地で起きてしまったのです。これはとても残念なことであり、そのためにGIGAスクールの整備予算が増額され、整備が前倒しとなりました。

　一方、大学はどうだったでしょうか。山内先生の東京大学では、授業のオンライン化が進みましたか？

山内——東京大学では、2020年4月から7月にかけての学期で、すべての授業が完全オンラインで実施されました。これは日本の高等教育始まって以来の、歴史的な出来事でしょう。今までも授業でICTが活用されてはいましたが、すべての先生がICTを使っているわけではありませんでした。しかし2020年4月には、すべての教員が何らかの形でオンラインで授業を提供するようになりました。本学の五神 真総長（当時）も「もう元に

戻ることはない。オンラインでの学びと対面での学びを両立させ、新しい教育をつくっていく」と語っています。程度の差はあれど小中高等学校も、今後オンラインと対面のハイブリッドになっていくのではないでしょうか。

堀田—— そう思います。先生方の中には、新型コロナさえ終息すれば、授業は元通りになりオンライン授業は不要になると考えている方もいます。しかし一度進み始めた時計の針は、もう元には戻りません。特に民間企業は、アフターコロナの働き方へ急速に移行しています。小出さん、Google の働き方は、新型コロナでどう変化しましたか？

小出—— 科学技術がめざましい勢いで進化していることを、今回のコロナ禍で多くの人々が実感したのではないでしょうか。これまでは一握りの先進的な方々が使っていた新しいテクノロジーが一気に普及し、それを用いて仕事や生活をするようになりました。

　Google でも以前から リモートワークを取り入れてはいたのですが、コロナ禍以降は完全にリモートワークとなりました。今後も状況に合わせて柔軟な働き方を進めていくことになるでしょう。

　こういった新しい働き方が、急速に広まってきています。新型コロナが終息しても元の状態に戻ることはなく、対面とデジタルのハイブリッドが進むと考えています。

対面とオンライン、それぞれの強みやできることがわかった

堀田—— 取り急ぎオンライン授業に取り組んだ結果、オンラインでできること・できないこと、やはり対面でないと難しいことなどが、見えてきましたね。

山内—— 大学では、新1年生がオンライン授業で人間関係を構築するのに苦戦しています。ともに学ぶ人間関係やコミュニティを作り上げるには、

やはり対面が効果的だなと痛感しました。また、グループワークで議論したり、ブレインストーミングしたり、なにかモノを一緒に作り上げていくような学習活動は、やはり対面の方が向いています。

堀田―― 年齢が下がれば下がるほど、対面の重要度は増す傾向があります。「友だちが勉強を頑張ってるから、僕も頑張ろう」といった学ぶ雰囲気は、教室で一緒に学んでこそ醸成されやすい。「学ぶ集団」を作り上げる大切さが、再確認されました。

山内―― 一方で、知識伝達型の大講義はオンラインで十分対応できることもわかりました。

堀田―― 小中学校でも、オンラインの方が便利なことが、たくさん見つかり始めています。たとえば連絡事項の伝達は、口頭で伝えるよりも、クラウドに掲載しておいていつでも参照できるようになっていた方が徹底しやすいですし、出欠管理や健康状態のアンケートなども Google フォームを使った方が回答するのも楽だし、管理もしやすいです。ICT を使って授業や校務を合理化しようという動きが、始まっています。

しかし新型コロナがもたらした最大の変化は、先生や子供たちの意識の変化でしょう。先生も子供も、今までは毎日学校に行くのが当たり前だと思っていました。でもそれは当たり前ではなく、オンライン授業を通して「学校に行かなくても、できる勉強があるんだ」ということに気づかされました。同時に、「学校に行かなければできないこと」も、痛いほどよくわかりました。友だちとおしゃべりしたり遊んだりするだけで、どれほど心が癒やされるか。みんなと一緒に学ぶことが、どれほど心強く、励まされ、仲間意識が強まるか。子供の顔を見て声をかけることが、どれほど一人ひとりの状況把握と適切な指導に役立つか。先生も子供も、深く考えさせられたと思います。

2. テクノロジーは教育にどんな変化をもたらすか
Google が提供する Chromebook と Google Workspace for Education

堀田―― 進化したテクノロジーは、教育も社会も、大きく変えようとしています。今回この本の鼎談や座談会も、当初は対面で行う予定でした。しかし緊急事態宣言が再度出されたのを受けて対面を取りやめ、すべて Google Meet を使ったオンラインに切り替えました。

　この本は Google の技術なしには出版できなかったと言っても過言ではありません。今や私たちの生活や学習や仕事の基盤となるサービスを提供している Google は、どんな思いから教育界に参入したのですか？

小出―― 弊社は1998年に設立され、検索エンジンからサービス提供を開始しました。以来、「世界中の情報を整理し、世界中の人々がアクセスできて使えるようにする」ことを使命に、製品やサービスを提供しています。

　弊社CEOスンダー・ピチャイも申しておりますが、「テクノロジーだけで教育を改善できるわけではありませんが、ソリューションとして有効な手段の一つになり得る」と考えております。テクノロジーを用いることで、子供は自分のペースで学習できるようになったり、他者と効果的なコラボレーションを行いながら問題解決に取り組んだりできるようになります。教育の質を高めるためのソリューションの一つになりうると考えています。

堀田―― そのソリューションの一例がChromebook であり、Google Workspace for Education ですね。まだ体験していない先生方のため、どんな機能があるのか、どういう意図で作られたのかをご紹介いただけますか。

小出―― Chromebook は、創造とコラボレーションに役立ち、シンプルかつ安全で共有に適したデバイスを、先生方と子供たちに提供するために作られたものです。端末内にアプリやソフトをインストールせずとも、Google

Workspace for Education のさまざまなクラウドサービスを Google Chrome™ などのブラウザ経由で利用できる、Web ベースのデバイスです。

堀田── 端末の価格がとても安いのも特徴ですね。GIGA スクールでは端末1台あたり4.5万円を上限として国が補助しましたが、Chromebook ならこの価格でも十分です。

小出── おかげ様で、現在、教育市場における Chromebook は世界で4000万台以上利用されており、Google Workspace for Education も世界で1億7000万人の生徒や教育者にお使いいただいています。2020年は、日本の教育市場でも多くの自治体で採用いただきました。

　クラウドサービスの Google Workspace for Education Fundamentals（旧称 G Suite for Education）は、完全無償のさまざまなアプリの総称です。すべてブラウザ上で利用できるため、端末へのインストールは不要です。Google ドキュメント（ワープロ）、Google スプレッドシート（表計算）、Google スライド（プレゼンテーション）、Google ドライブ™（クラウド上でのファイル共有）などのアプリがあり、コミュニケーションに役立つ Gmail™（Web メール）や Google Meet（ビデオ会議）、Google Chat（メッセージング）なども利用できます。

Google Workspace for Education で何ができる？

堀田── Google Workspace for Education を使うと、どんなことができますか？

小出── 先生方によく用いられているのが、Google ドキュメント、Google スプレッドシート、Google スライドなどを使った「共同編集」です。たとえば書いている作文を友だち同士や先生が見てコメントを書いたり、一つのスライドをグループ内の複数名で一緒に作り上げていくなどの使い方が可能です。

山内―― これは画期的な進化です。書く活動は、知的な能力を上げるために極めて重要な活動です。しかしこれまで、書く活動は個人的な活動でした。ノートなり端末なりに向き合って、自分と対話しながら書き進めていたわけです。これがクラウドで「共同編集」が可能になったことで、「集団の活動」へと進化したのです。

堀田―― おっしゃる通り、これまでの書く活動は先生と子供、子供と子供の間のつながりをつくるのが難しいという課題がありました。たとえばみんなで作文を書くとき、40人もの作文の内容や進捗状況を正確に把握するのは至難の業で、必要な指導を必要なときに行うのが困難でした。また子供同士のつながりも、書き上げた作文が教室の壁に貼られてから見合うのがせいぜいで、書いている途中に友だちの作文を見て刺激を受けたり、参考にすることは不可能でした。

そうした問題が、1人1台とクラウドを用いることで、一気に解消されます。先生は、子供一人ひとりが書いている様子をリアルタイムで把握でき、クラウド上でコメントやアドバイスを行えます。作文の質が向上していく過程も、見ることができます。子供同士で書いている途中の作文を見合うこともできるので、刺激を受けて、制作中の自分の作品づくりに活かせるようになります。「制作中の作文を見合えると、まねしたりコピーしてしまうのでは?」と懸念される先生もいるでしょうがむしろ逆で、子供同士で見合えるからこそ、「友だちとは違うモノにしよう。友だちよりももっといいモノにしよう」と工夫するようになったとの報告が、すでに多数上がってきています。

山内―― 学習活動は、1人でじっくり考える活動(リフレクション)と、他者とコミュニケーションしながら学ぶ活動を、うまく両立させ組み合わせることが重要です。クラウドを用いることで、このリフレクションとコミュニケーションが一体化し、今までにない新たな学びの形が生まれるのではないかと、大

いに期待しています。

小出—— 共同編集は、授業だけでなく校務でもよく使われています。たとえば職員会議の議事録も、これまでは書記担当の先生が1人で作っていましたが、複数の先生で分担して共同編集することで、格段に負担が軽減されたと伺っています。中高では、同じ教科の先生同士で学習指導計画や教材を共同編集で作るケースも、よく見られます。

　また Google Classroom という授業支援アプリは、課題の配布や回収、共同編集などを一元的に行うことができます。たとえば先生が Google スプレッドシートで作成したワークシートを Google Classroom で子供たちに配布し、グループで共同編集してもらった後、提出させるといったことも簡単に行えます。

　中でもよく用いられているのが、アンケートの作成や回答、集計を簡単に行える Google フォームというアプリです。この Google フォームを使って、小テストを行う先生がとても増えています。今まで小テストを行う場合は、問題の印刷、配布、回収、採点の作業が発生していましたが、Google フォーム を使うことで、そうした作業が格段に効率化できます。印刷して配る必要はありませんし、回答は自動で集計されるので、子供たち一人ひとりの回答もクラス全体の傾向を可視化することもできます。

堀田—— Google フォームはとても便利で、用途は小テストにとどまりません。たとえば授業の導入で、今日の課題につながる発問を先生が Google フォームで投げかけて、現時点での子供たちが抱いているイメージや興味関心を集計し、その後の授業展開に活かすこともできます。校務でもよく用いられています。たとえば教員研修の申し込みや出欠管理、保護者へのアンケート調査を Google フォームで行うケースも増えています。

小出—— 今までは「パソコンを授業で使う＝手間がかかって面倒で先生

の負担が増える」というイメージがあったと思いますが、GIGAスクールで整備されるICTは違います。たとえば小テスト一つとっても、印刷や配布、採点などにかかっていた作業が軽減され、小テストの問題そのものを考えることに注力できます。先生本来の仕事に時間や労力を割けるように、クラウドが手助けしてくれるのです。

海外の実践事例と日本の課題

堀田── 日本では Chromebook や Google Workspace for Education を使った学習活動は始まったばかりですが、すでに海外では盛んに行われていますよね。

小出── Google Workspace for Education は世界で1億7000万人、Google Classroom も1億5000万人以上にお使いいただいています。

　たとえば、イギリスの小学校を視察した際、小学1年生が「火山の噴火の仕組みを学ぶ」という教科を超えたテーマ学習をしていました。最終的には「学んだことを自分で映像にまとめて、学校ニュースで放送する」のが授業のゴールですが、その過程では複数の教科の要素が取り入れられています。たとえば、「火山はなぜ噴火するのか、マグマのこと、地球の構造などを調べる」という理科の観点、「学んだことをどうニュースとして伝えるのか、構成を考え、ニュース原稿を作る」という国語の観点、「ニュースに必要な絵などの素材を作る」という美術の観点、「ニュースを撮影し、さらに効果音などの編集をする」という技術・テクノロジーの観点などが含まれています。

　こういった国内外での活用事例を、弊社のサイトでご紹介していますので、ぜひ参考になさってください（https://edu.google.com/intl/ja/why-google/case-studies/）。

　しかし一方で、こうしたテクノロジーにアクセスできる子供とできない子

供との間に、教育格差が広がっているのも事実です。ですので Google は今後も、すべての子供が質の高い教育を受けられる未来に向けて、Google のソリューションだけでなくプログラムや、無償研修などの支援とサービスの運営を継続していきます。

堀田── 教育格差という、非常に深刻な言葉が出てきました。新型コロナの臨時休業時も、「家庭に Wi-Fi やパソコンがない」ためオンライン授業を受けられないという問題が、全国各地で発生しました。

山内── 一昔前、アメリカで「デジタルディバイド」という格差が議論されましたが、当時の論点はパソコンを「持っているか持っていないか」でした。しかしその後モバイルデバイスの普及によって、大人なら必ず何かの端末は持つ時代になり、「持っているか持っていないか」ではなく、その端末を使って「何をしているか」によって生じる格差が、問題視され始めました。つまり「使い方」から来る格差です。

　この「使い方の格差」は、実は日本の子供たちに深く関わっている問題です。PISA2018 の調査によると、日本の子供たちは、コンピュータを使って宿題をする頻度が調査対象国中最下位な一方で、ゲームやチャットなどで使う頻度はトップになっています。誤解のないように申し上げたいのですが、私はゲームで遊ぶことを否定しているわけではありません。せっかくの端末を、「ゲーム＆エンターテインメントデバイス」としてしか使っていないのが、問題なのです。

　ICT を新しい情報を手に入れたり、人とつながり、自分の学びを切りひらくために使っている子供と、ゲームにしか使っていない子供との間には、将来大きな格差が生じるでしょう。

堀田── 日本の子供たちは、「ICT＝遊びの道具」という認識に偏っているのです。やはり子供の頃から、ICT は学習や仕事の便利な道具になる

1週間のうち、教室の授業でデジタル機器を利用する時間

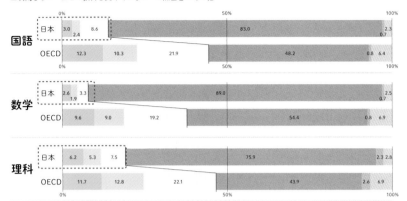

■ 週に1時間以上　■ 週に30分以上、1時間未満　週に30分未満
■ 利用しない　この教科を受けていない　■ 無回答・その他

国語
日本：3.0　8.6　2.4　83.0　2.3　0.7
OECD：12.3　10.3　21.9　48.2　0.8　6.4

数学
日本：2.6　3.3　1.9　89.0　2.5　0.7
OECD：9.6　9.0　19.2　54.4　0.8　6.9

理科
日本：6.2　5.3　7.5　75.9　2.3　2.8
OECD：11.7　12.8　22.1　43.9　2.6　6.9

学校外での平日のデジタル機器の利用状況　■は日本、──はOECD平均

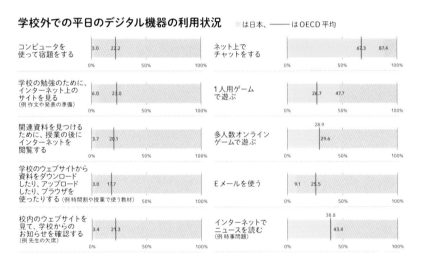

コンピュータを使って宿題をする：3.0　22.2
学校の勉強のために、インターネット上のサイトを見る（例 作文や発表の準備）：6.0　23.0
関連資料を見つけるために、授業の後にインターネットを閲覧する：3.7　20.1
学校のウェブサイトから資料をダウンロードしたり、アップロードしたり、ブラウザを使ったりする（例 時間割や授業で使う教材）：3.0　17.7
校内のウェブサイトを見て、学校からのお知らせを確認する（例 先生の欠席）：3.4　21.3

ネット上でチャットをする：67.3　87.4
1人用ゲームで遊ぶ：26.7　47.7
多人数オンラインゲームで遊ぶ：28.9　29.6
Eメールを使う：9.1　25.5
インターネットでニュースを読む（例 時事問題）：38.8　43.4

（出典：国立教育政策研究所「OECD生徒の学習到達度調査2018年調査（PISA2018）のポイント」）

という「ICT観」と「利用法」をしっかり育むべきでしょう。

山内── GIGAスクールのインフラを利用して、この格差を縮めるように努力していかなければならないと思います。

3. GIGAスクールで教育はどう変わるべきか
教育の目標論の変遷

堀田── では、GIGAスクールの環境を用いて、山内先生はどんな学びを進めていくことを期待していますか。

山内── 新型コロナでの臨時休業でGIGAスクールの環境を用いて行われたオンライン授業は、「学びを止めない」ことが主目的だった点に、気をつけねばなりません。もちろん、これはこれで重要です。しかし、このレベルで止まってはいけません。GIGAスクールが整備された背景には「教育の質を向上」させるという流れがあります。今までできなかった新たな学びをGIGAスクールで実現し、より高い目標を目指していくのです。

堀田── どんな高い目標を目指せばよいのでしょうか。

山内── 「教育の目標」を考えるには、まず社会の変化に目を向ける必要があります。社会で生きていくために必要な力を教育で育むのですから、社会が変われば、必要な力が変わるのも当然です。

　現代社会の変化を語るには、三つのポイントがあります。まず一つめが、「技術の進歩による職業の変容」です。これは2013年に、英オックスフォード大のオズボーン准教授とフライ研究員が発表した、「コンピュータによって職業が置き換えられる確率」の図です。人工知能やロボット工学の発達によって、現在ある職業の半分ぐらいがコンピュータに奪われるという研究結果はとてもセンセーショナルで、日本でも話題になりました。

　この「約半分」という割合は、その後の研究でもっと少ないのではないかとも議論されているので、あまり重視する必要はありません。注目していただきたいのは、コンピュータ技術の進歩の影響を受ける職種です。このグラフを見ると、オレンジ色が総務系の仕事、濃いピンクが営業職、薄

技術の進捗と職業の変容

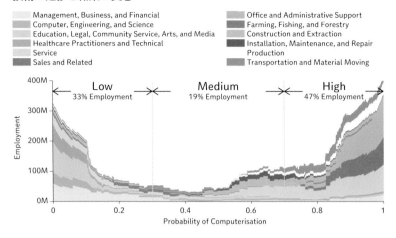

（出典：Frey, C. B., & Osborne, M. A. (2013) "The future of employment: how susceptible are jobs to computerisation?" University of Oxford.）

いピンクがサービス業となっています。総務、営業、サービスという今までは人が行うものだと思われていた仕事が、コンピュータによって置き換わる可能性があるのです。

堀田── 日本でもメガバンクが大幅な店舗や人員の整理・削減計画を打ち出していますが、その背景にはコンピュータによる事務作業の効率化や人工知能の活用によって、今までほど人手がいらなくなったことがあります。

山内── ICTの発達によって、間違いなく仕事のあり方は変わっていきます。人にしかできない仕事を創り出すことに、活路を見出していかなくてはなりません。

　二つめのポイントが、「長寿命化」です。近い将来、「人生100年時代」が到来します。そうなれば、70歳や80歳になっても働くことになるでしょう。大学を卒業してから、60年以上働くわけです。

堀田 —— 大学を卒業する20代前半までで身につけた知識・技能だけで働き続けるのは無理になりますね。しかもこの先、消滅する仕事もあれば、新たに生まれる仕事も出てきます。だから学校を卒業した後も、「生涯にわたって能動的に学び続ける」必要があります。

山内 —— 三つめのポイントが、世界の不確実化です。かいつまんで言うと、世界はとても不安定であり、不確実で予測が困難であり、複雑化して曖昧になっています。新型コロナの世界的流行はその典型例でしょう。

社会の変化を受けて、新たな能力観が出てきた

堀田 —— 社会がこのように変わっていくとなると、教育の目標も変わらざるをえませんね。

山内 —— 1990年代ぐらいから、世界的にさまざまな教育目標論の議論が起こりました。一番最初に体系的に出てきたのは、OECD の DeSeCo（コンピテンシーの定義と選択）と呼ばれるフレームワークです。詳しい説明は割愛しますが、この DeSeCo の一部分を用いて学力を測っているのが、OECD の PISA（生徒の学習到達度調査）です。

この DeSeCo の後に出てきたのが、右図の「21世紀型スキル」です。1990年代から議論が始まり、2010年ぐらいまでアメリカを中心に議論されました。この「21世紀型スキル」は、社会で働き、生きていくために必要なスキルを、四つのカテゴリと10の能力セットで整理しています。

「思考の方法」というカテゴリには、「創造性とイノベーション」や「学び方の学習」といったスキルが含まれています。テクノロジーの発達で職業がどうなるかわからない以上、人間にしかできない創造性を発揮してイノベーションを起こしていく力が求められるということであり、生涯にわたって学び続けるには、「学び方」を習得しておく必要があるということです。

21世紀型スキル

思考の方法

1	創造性とイノベーション	
2	批判的思考、問題解決、意思決定	
3	学び方の学習、メタ認知	

働く方法

4	コミュニケーション	
5	コラボレーション (チームワーク)	

働くためのツール

6	情報リテラシー	
7	ICTリテラシー	

世界の中で生きる

8	地域とグローバルのよい市民であること (シチズンシップ)	
9	人生とキャリア発達	
10	個人の責任と社会的責任 (異文化理解と異文化適応能力を含む)	

> ### 転移可能な高度能力 → 学習の高度化

（出典：山内祐平『学習環境のイノベーション』東京大学出版会、2020年）

「働く方法」には、他者とのコミュニケーションやコラボレーションが含まれています。クラウドを使って働くのが当たり前の現代では、多様かつ多くの人々と協働していく力は不可欠です。そうやって働くためには、ICTというツールが不可欠です。ですので情報リテラシーやICTリテラシーが、「働くためのツール」というカテゴリに含まれています。

要するに、これからはどんな仕事に就くかわからない時代だから、どんな仕事に就いても転移可能で、しかもコンピュータには不可能で人にしかできない高度な能力の育成を教育目標に設定しなければならない。そのためには、学習を高度化して、教育の質を向上させる必要があるということです。

この教育目標論で一番新しいのが、2010年代から2020年代にかけて作られた、OECD Learning Framework 2030 です。

ここでは大きな目標を三つ掲げていて、「新たな価値を創造する力」「責

任ある行動を取る力」「対立やジレンマに対処する力」の育成を求めています。新型コロナへの政府の対応や、対立が激化している国際政治の状況を見ると、まさにこういう力が必要なのだと痛感させられます。

この中には、デジタルリテラシー（デジタル機器・機能活用能力）とデータリテラシー（データ活用・解析能力）が含まれています。読み書き計算の能力と同様に、これらのリテラシーが大きな目標を支える位置づけになっているのです。

新学習指導要領で情報活用能力は学びの基盤となる力に

堀田—— 今、山内先生が説明してくれた新しい教育目標論は、新学習指導要領の中にも取り込まれています。新学習指導要領を中央教育審議会で議論した際には、山内先生が今おっしゃった社会の変化、職業の変化、人生100年時代、そして社会の不確実化を踏まえ、そんな社会で生きていくにはどんな力が必要か、その力を学校教育でどう育てるかを重点的に検討しました。DeSeCoや21世紀型スキルも参考にしています。

そうした議論を経て、新学習指導要領では、育むべき資質・能力が「3つの柱」で整理されました。単に知識を丸暗記するのではなく、「生きて働く知識・技能」として習得する。その知識・技能を用いて思考・判断・表現して、予測不能で未知の状況にも対応できる力を育む。そして、学びを人生や社会に活かそうとする「学びに向かう力」、つまり学ぶ意義や学び方を知り、生涯にわたって学び続け、自分の人生を創り上げていく力も重要視しています。

さらに新学習指導要領では、「学びの基盤となる資質・能力」として、言語能力、問題発見・解決能力、そして情報活用能力が位置づけられました。今までも情報活用能力は大事と言われてきましたが、「教科の学習をするときに情報活用能力も身につけばいいよね」程度の扱いでした。それが新学

習指導要領では、「各教科の学びを支える基盤となる力だから、必ず育みましょう」と、一気に重要性が増したのです。これは画期的な変化です。

4. 次世代型情報活用能力とは？
今後の社会で求められる情報活用能力

堀田── 令和3年1月に中央教育審議会が答申した、『「令和の日本型学校教育」の構築を目指して 〜全ての子供たちの可能性を引き出す，個別最適な学びと，協働的な学びの実現〜』でも、繰り返し情報活用能力の重要性が指摘されています。その一部を引用すると、

> コンピュータ等の情報手段を適切に用いて情報を得たり，情報を整理・比較したり，得られた情報を分かりやすく発信・伝達したりといったことができる力，このような学習活動を遂行する上で必要となる情報手段の基本的な操作の習得を含めた情報活用能力を育成することも重要である。

と書かれています。つまり、ICTを学習の道具として使うために必要な基本的な操作スキルと、ICTで情報を取り扱って学習に活かしていく力が必要だということです。

　しかし社会が今後も変化し続ければ、求められる情報活用能力も変わっていきます。この本のタイトルに「次世代型情報活用能力」と銘打ったのも、この先の情報活用能力を考えていくためです。山内先生、次世代型情報活用能力とは、どんな力でしょうか？

山内── ポイントは三つあります。

　第一が、情報活用の「真正性」を重視する。つまり社会で起きている本物の情報を、大人と同じように活用する。学校の中だけで役に立つのではなくて、将来どんな仕事に就いても情報活用できるようにしよう、ということです。

次世代型情報活用能力の三つのポイント

1	2	3
「情報活用」の **【真正性】** を重視する	「情報活用」の **【社会性】** を重視する	「情報活用」の **【成果】** を重視する

　第二が、情報活用の「社会性」を重視することです。今や仕事では、他者とコミュニケーション・コラボレーションしながら情報活用するのが当たり前ですから、学校でも同様に、人とつながりながら新たな情報を生み出していくような情報活用を行う必要があります。そういった意味では、1番目の「真正性」とも関係しています。

　第三が、情報活用の「成果」を重視することです。これも第一の「真正性」と関係しますが、大人が仕事で情報活用するときは、必ず成果を求められます。たとえば情報を集め、分析し、問題の解決策を考え出すのもその一例です。学校での情報活用で出せる「成果」は、社会で求められる「成果」よりはスケールが小さいかもしれませんが、情報を活用するからには何らかの成果を出し、社会に貢献することが求められるのだと、子供たちに実感してもらうことが大事だと思います。

まず自分の文房具として使えるようになろう

堀田―― では、具体的にどんな実践を行えばいいのでしょうか。

山内―― まず最初に大事なのは、ICTを自分の文房具として使えるようになること。これがすべての出発点であり、大前提です。つまり1人1台の

端末を、鉛筆や消しゴム、ノートのように使えるようにするのです。

　鉛筆やノートは、子供たち一人ひとりが所有していますよね。自分の考えを書いて整理したり表現したいときに、自分の鉛筆やノートを持っていないと、学習を進められないからです。しかしこれまでパソコンは、特別な学習でしか使わないため、みんなで共有していました。GIGAスクールで整備される端末は、になるべきです。

堀田──　まずはそこですね。今までは「顕微鏡」のようだったものが、1人ひとりの「筆箱」になるようなイメージだと、僕はとらえています。

　顕微鏡は毎日使いません。特別な学習のときにのみ使います。だから理科室に何台か保管しておいて、学校全体で共用するようになっています。かつてのパソコンもそうでした。たまにしか使わないからパソコン教室に設置しておいて、みんなで共用していたのです。

　それがGIGAスクールで1人1台の端末が整備されたことで、個人が所有する「筆箱」に進化します。この筆箱に何を入れるか、いつ使うか、どの道具を選んで使うか、すべて子供が判断して、使えるようになります。これは革命的な進化です。

山内──　鉛筆やノートのように端末を使うようになれば、子供が学習のイニシアチブを握ります。自分の意思で端末を自由に使って、学習を進められるようになるのです。そのためには、子供が自分の文房具として端末やクラウドを自由に使うことを、先生が認めてあげることが大事です。先生が決めた以外の使い方を禁止してしまうと、せっかく自分の文房具として持てた端末が、宝の持ち腐れになってしまいます。

高次の能力と接続させる

山内──　自分の文房具として使えるようになった上で、より高次の能力を

育んでいきます。情報活用能力を基盤として、別の高度な能力と接続していくのです。これが次世代型情報活用能力の大事なポイントです。

どんな能力と接続するか、選択肢はさまざまです。情報活用をしながら、他者とコミュニケーション・コラボレーションする能力と接続する方向性もあるでしょう。情報活用を通じて、新たな情報やアイデアを創造する力と接続することも考えられます。

子供たちが情報活用をしている先にこうした高次の能力が育っているかどうかを、先生は見定める必要があります。ICTをちゃんと操作できているか、得た情報を活用できているかといった視点だけでなく、他者とコラボレーションできているか、創造的な学びになっているかなどの視点でも、観察して評価し、指導するのです。

堀田── そうなると、授業づくりもこれまでの教科にだけとらわれることなく、広い視点で考えねばなりません。たとえば課題解決型学習の中に情報活用する学習活動を上手に埋め込み、情報活用能力だけでなく課題解決策を創造できたかなどの視点で、指導し、評価するのです。

しかしそうした授業にいきなり取り組むのは難しいので、まずはICTを操作するスキルや情報を活用する力を先生が教えたり、子供が練習したりするトレーニング的な授業に取り組み、情報活用能力が身についてきたら、より高次な能力の育成を目指した授業を行うというように、計画的に進めていくといいでしょう。

山内── そうですね。カリキュラムマネジメントを行って、積み重ねていくことが重要になるでしょう。

一番下のレイヤーには、ICTを文房具として使うスキルを育む学習活動があります。真ん中のレイヤーには、ICTを使って学んでいくような、情報活用能力を育てる学習活動が入ります。そして一番上のレイヤーには、そ

の情報活用能力を使いながら、より高次の能力を育む学習活動が位置づけられる。このようなイメージです。

一番下と真ん中のレイヤーは、各教科の中で経験を積み重ね、トレーニングしていけばいいでしょう。一番上のレイヤーは、総合的な学習の時間や、高校ならば総合的な探究の時間で、プロジェクト学習などに取り組むのが向いているでしょう。

総合的な学習の時間の下に、もう少し教科横断的な学習が入ると、各レイヤーがスムーズにつながるんですよね。私はそれがSTEAM教育だと考えています。STEAM教育と聞くと、STEM教育から発展したところから理系のイメージが強いですよね。でも近年は、教科横断的な学習であることが注目されています。総合的な学習の時間ほど教科の壁を完全に取り払うのではなく、各教科との接続をある程度保ちながら、設定されたテーマについて学習していくイメージです。

堀田——小学校では、新学習指導要領でプログラミング教育が入ってくるなど、STEAM教育や教科横断的な学習の必要性が急速に高まってきています。

今の時代、課題を解決したり考えを深めたりするのに、サイエンスやテクノロジーなどの力を借りることは不可欠です。プログラミング教育にしても、算数の図形や理科の電気の課題を、プログラミングを用いて理解を深めたり解決したりするというふうに、教科の学びをテクノロジーやエンジニアリングの力を借りて深めるという構造になっています。

そういう意味では、これからの時代においては、すべての学びはSTEAM教育、教科横断的な学習に包含されていくと言えるかもしれません。学びでも仕事でも、各教科のさまざまな知識や見方・考え方、そしてICTを組み合わせて用いることが不可欠だからです。

山内── 次世代型情報活用能力を育むプロジェクト学習や創造的プログラミング教育の実践例については、PART 4とPART 5で詳しく述べていますので、そちらをお読みいただければと思いますが、このような上のレイヤーの学びを1割でも2割でも入れていけば、子供の学び方も身につく力も変わっていきます。

　一気に始めるのは難しいと思いますので、こういうレイヤー構造をイメージしながら、長期的なカリキュラムマネジメントを行うとよいでしょう。例えば最初の年は一番下のレイヤーから着手して、5年で上のレイヤーまで到達したいとか。実際にすべてのレイヤーを体験してみると、次世代型情報活用能力がすべてのレイヤーに必要不可欠だということがよくわかると思います。

5. 意識を変え、イノベーションし続けよう
大学や社会はもう変わり始めている

堀田── こうした新しい教育をすぐ取り入れるのは、なかなか難しいとは思います。しかし、大学や企業はすでに変わり始めていることを、知っておいてほしいものです。

山内── 最近大学に求められるようになってきているのは、ジェネリックスキルと呼ばれる、社会人として活躍するのに必要な汎用的な能力の育成です。学生はそれぞれ専攻する専門分野を持っていますが、専門的な知識・技能を育成するだけでは、社会の要請に応えられなくなっています。専門性を発揮しながら社会的な課題を発見して解決していく能力や、他者とコミュニケーション・コラボレーションする能力、そして次世代型情報活用能力、そういう資質・能力を大学で育成しなければなりません。

　ですので大学では、プロジェクト学習を行うのが一般的になっています。

学生同士で協働しながら専門性を発揮し、課題解決に取り組むような活動です。もともとプロジェクト学習は小中高等学校から始まったものですが、大学が取り入れて実践するようになりました。そして今また、小中高等学校、特に高校が、プロジェクト学習を「逆輸入」するような形で、取り入れ始めています。

小出 ── Googleも常に「イノベーション」を生み出す努力を続けています。たとえば働き方や職場環境も、「イノベーションが生まれる環境」づくりのために、次の5点を心がけています。

第一に、「ビジョンの共有」。情報は公開しましょう、共有しましょうというのが基本です。第二に「自主性」。誰かに指示されたからやるのではなくて、共有されたビジョンのために、何をするか自分で考えて、自分で問題解決のために行動することを求めます。第三が「内発的動機付け」。モチベーションは誰かに高めてもらうのではなく、自分自身から発するものだと考えます。第四が「失敗から学ぶ (リスクテイク)」。失敗を恐れず挑戦し、失敗から学ぶことが求められます。第五が「つながりとコラボレーション」。独善的にならないためにも、絶えず周りとつながり、協働していきます。

堀田 ── 子供に育むべき資質・能力や学び方の参考になりますし、先生方も見習うべき素晴らしい理念だと思います。イノベーションし続けるという点では、とても快適で働きやすいオフィス空間を提供することで国内外に知られていた Google が、新型コロナでオフィスから Google Workspace for Education を用いた在宅のリモートワークに移行したのも、在宅勤務が主流ではない日本においては大きなイノベーションなのではないかと感じました。

山内 ── 対面せずとも仕事ができるという企業の働き方は、授業づくりの参考になると思います。クラウドを使うと、クラスの子供同士だけでなく、

学校の内外のさまざまな方とつながりやすくなります。たとえば子供の作品や成果物に対して、外部の専門家や保護者、他の学校の先生や児童生徒などに見てもらって、コメントをもらうことも容易です。

　これは一例に過ぎません。クラウドを用いれば、全世界の人とコラボレーションすることが可能です。先生方は、このとてつもなく可能性を秘めた1人1台とクラウドという道具を使って、新たな授業を創造できる立場にいます。いまだかつてない自由度を、先生方は今持とうとしているのです。今こそ、自分が教師になろうと思った熱意や夢を、思い出してみませんか。このGIGAスクールの環境を使って、新たな教育をイノベーションしてみませんか。

小出── Googleとしても、学識関係者や大学などと協力する形で、もっと実践事例を広めたり、学習環境の改善をお手伝いするなど、さまざまな面からサポートしていきたいと考えています。

堀田── GIGAスクールは、先生方が従来のICT観や働き方、マインドを変える絶好のチャンスです。先生方が意識改革できるかどうかに、GIGAスクールの成否はかかっています。まずは使ってみましょう。使ってみれば、必ずその便利さを発見でき、マインドも変わっていくことでしょう。

山内── 教育も仕事も、イノベーションが進み、めまぐるしく変わっていくでしょう。これからの時代は、変わり続けるのが当たり前になります。変化を前提として、子供たちに必要な力は何か考え、授業を変えていくことが大事だと思います。

座談会 ｜ 堀田龍也 × 佐藤和紀 × 三井一希 × 渡邉光浩

PART 2
小学生に必要な基本的操作とクラウド理解

GIGAスクール「初めの一歩」についての研究

東北大学大学院
情報科学研究科
堀田龍也 教授

信州大学教育学部
佐藤和紀 助教

常葉大学教育学部
三井一希 講師

鹿児島女子短期大学
渡邉光浩 准教授

1. 研究プロジェクトの趣旨と概要
公立小学校2学級における実証研究

堀田—— GIGAスクールで1人1台と高速ネットワーク、クラウドが整備されることに、不安や戸惑いの声を耳にします。教室に1人1台の端末が来たらいったい何が起きるのか、何から始めればいいのか、どんな問題が生じるのか、未知数だから先生方も不安になるのでしょう。

　そこで私たちのプロジェクトでは、GIGAスクールの本格的活用が始まるのに先駆けて、2020年8月末から公立小学校2学級で実証研究を行いました。Google for Education から Chromebook を1人1台ご提供いただき、端末が教室にやって来たその日から約3か月間にわたって、定点観測を行いました。1人1台になると、先生や子供はまず何から使い始めるのか。導入初期にはどんな問題が生じ、どう対処したのか。先生や子供はどのように慣れ、上達し、それによって活用はどう変わっていくのか。いわば、GIGAスクールの「初めの一歩」を研究したのです。

佐藤—— 研究にあたって、次のような環境を作りました。Gmail のメールアドレスを子供1人ひとりと先生に配布し、Google Workspace for Education を使えるようにしましたが、先生・研究者と子供とで、「できること」を分けました。たとえば Gmail や Google Chat は先生や研究者は外部ともやりとりできますが、子供は外部との送受信は不可で先生や子供とだけやりとりできるようにしました。

堀田—— 一般的にクラウドの初期設定は厳しめにしがちです。しかし、実際に使ってみないと、どの機能が必要か不要か、どんな問題が生じるのかもわかりませんし、大人が予想もしなかった使い方を子供が始める可能性もあります。そこを明らかにするのもこの研究の目的ですので、設定は少

し緩めにしました。

2. 1人1台導入初期の悩み
都城市立南小学校での導入初期

堀田―― では、公立小学校2学級での実践
について、担当した研究者から報告していた
だきます。

渡邉―― 鹿児島女子短期大学の渡邉光浩で

宮崎県都城市立南小学校
西久保真弥先生

す。3年前まで小学校の教員をしておりました。
今回ご協力いただいた宮崎県都城市立南小学校の西久保真弥先生は、6
年生の担任です。教職経験は講師を含めて6年目で、ICTを活用した経
験はあまり多くありません。子供たちも、インターネットでの検索や、Web
サイトをコピーして印刷してきた程度で、日本語入力のスキルもアプリの操
作スキルもまだまだという状態でした。ですので西久保先生は、「1人1台
を使いこなせるのか、どう活用すればいいのか」と不安でいっぱいでした。
　9月初めに1人1台の端末が届くと、子供たちにChromebookとID、
パスワードを配布しました。初期パスワードは先生が決め、IDと一緒にプ
リントアウトして配布しました。1人1台の端末を受け取ると、子供たちは
目を輝かせてわくわくが止まらないようでした。
　まずはログインするところから始めたのですが、出だしから苦労しました。
ログインIDには@マークのように普段使わない記号が含まれるので、うま
く入力できない子供が続出したのです。西久保先生一人ではとても手が回
らず、隣の学年主任や参観に来ていた指導主事や先生がヘルプに入って
対応しました。
　最初はGoogle Classroom を使って、活動の指示や課題の配布・回収

を行うことから始めました。2週目からは Chromebook を使ってGoogle スライドでプレゼン作りに挑戦していましたが、タイピングや操作に苦戦する子供が多発。私や校長先生がヘルプに入り、子供につきっきりで支援しました。やはり最初のうちは、複数の先生でサポートする体制が必要だと感じました。

　1か月半ほど経って、西久保先生に困っていることを聞きました。

　「入力に時間がかかるので、思い描いた授業の流れができず、活用させることを躊躇してしまう」「私自身が Chromebook の操作になかなか慣れないため、子供への操作の指導ができないし、どんな活用ができるのかまだわからない」といった悩みとともに、「端末が来たからにはたくさん使わせないといけないと思うのに、なかなか活用させられない」との焦りも感じていました。

焼津市立豊田小学校での導入初期

堀田── やはり最初は苦労しますね。もう一つの学校、焼津市立豊田小学校での導入はどうでしたか?

三井── 常葉大学教育学部の三井一希です。私も1年前まで小学校の教員で、Chromebook を使って授業をしておりました。今回ご協力いただいた焼津市立豊田小の棚橋俊介先生は4年生の担任で、比較的ICTに詳しい方です。

　棚橋学級には、夏休み明けの8月末に1人1台の端末が入りました。子供たちには、宿題としてパスワードを三つ考えてこさせました。子供たちはキーボードでの日本語入力もアプリの操作も不慣れで、キーの場所を探しながら片手で打つというような状況からスタートしました。

　まだタイピングがおぼつきませんので、最初は端末のカメラを使った活用からスタートしました。跳び箱の様子を自分たちで撮影し、お手本となる

教材動画と見比べて、フォームを修正していました。2週目ぐらいから、1人1台と Google Workspace for Education を使えば何ができるのか、子供と一緒に試し始めました。導入初期は、子供の操作スキルがまだ不十分ですので、「まずは使えるところから、できることからやってみよう」というスタンスです。まずは Google Classroom を使って、課題の配布や回収を行っていました。

静岡県焼津市立豊田小学校
棚橋俊介先生

悩みや課題も解決に向かう

堀田—— やはり最初は、入力スキルと操作スキルの不足に苦労します。この問題をどう解決していきましたか？

渡邊—— キーボードによる日本語入力スキルを向上するために、子供向けの無料の練習用サイトを使って、トレーニングを開始しました。初めは授業中に練習時間を設け、それから隙間時間や休み時間にも取り組ませました。またローマ字の苦手な子への支援としてローマ字表を配布したり、ホームポジションの指導も行いました。

　後で詳しくお話ししますが、子供たちの入力スキルは目に見えて向上していきました。入力スキルが上がるから授業で使う機会も増えていき、さらに入力スキルが向上するという好循環が見られました。1人1台なら練習も活用も多くの機会を得られるので、成長速度が速まります。

三井—— 豊田小では、導入1か月後から、南小と同じ練習用サイトを使って練習を開始しました。キーボード表を印刷して、家に持ち帰らせて練習もさせました。朝、休み時間、隙間時間など、毎日練習を続けることで、子

供たちはめきめきと上達していきました。

渡邊—— 操作スキルの悩みについても、解決に向かい始めました。子供同士で積極的に教え合い始めたのです。

　当初西久保先生は「私がすべて教えなければ」と気負い、でも「教えたくても自分自身操作がわからない」と悩んでいました。しかし、子供たちは先生の予想を超えてすぐ慣れ、得意な子供がわからない子供に教えたり、操作方法を見つけた子供がみんなに広めたりし始めたのです。

　教え合いは導入直後から始まっていました。西久保先生もそれを制止したりせず、子供同士で自由に教え合える雰囲気を大切にしていました。「先生がすべて教えなければ」という当初の考えから「クラスみんなで学んでいこう!」という方向へ転換したことで、西久保先生も肩の力を抜くことができたようでした。

堀田—— 子供に教わるぐらいのつもりで、どんどん使わせた方がいいですね。「スキルが身についてから授業で活用する」のではなく、「練習でスキルを育てながら、授業でも活用していく」という、練習と活用の往還が大事なのだと思います。

三井—— 時間の経過に比例して効果と効率も上がっていくのが理想ですが、残念ながら現実は違います。最初のうちは、慣れるまでにどうしても効果も効率が下がってしまうので、「使わない方がいい」とあきらめてしまいがちです。でもそこを乗り越えていくと、効率も上昇し、効果を実感できるようになります。豊田小では、2週間もすると操作にもだんだん慣れてきて、授業の中で端末やクラウドが普通に用いられるようになってきました。

堀田—— 入力スキルや操作スキルの指導に加え、学習規律の指導も行ったのでしょうか?

渡邊—— 西久保学級では、「机の上では左上に Chromebook を置く」「人

机の上のどこに端末、教科書、ノートを置くかも、みんなで話し合って決めた。
（写真提供：常葉大学 教育学部 三井一希）

が話しているときは Chromebook は閉じる」「学習に関係ないことを勝手にしない」などのルールを子供たちに周知しました。もともとあった学級経営の決まりを、Chromebook やクラウドにも応用した形です。

三井── 棚橋学級でも、導入して最初の1週間で、学習規律を徹底していました。授業中に端末を机の上のどこに置くか、使用しないときは机の中にしまう、話を聞くときは端末を閉じる、といったルールです。ただし先生が一方的に決めるのではなく、子供たちと相談しながらルールを決めていました。子供たちも、自分たちが決めたルールだから守ろうとする意識が強まります。この学習規律を徹底したおかげで、活用も指導もスムーズになりました。

3. 活用が定着し、広がり始める
無理をしてあれこれ使わず、使うアプリを絞る

渡邊── 肩の力が抜けた西久保先生は、「自分たちが使えるアプリ、自分たちが得意なアプリから使っていこう」と、「無理をしない活用」を心がけ

修学旅行の調べ学習、パンフレット作成、事後のプレゼンなどで、Google スライドが活躍した。
（写真提供：鹿児島女子短期大学 渡邉光浩）

るようになりました。

　よく活用されたのが、Google スライドです。社会科の単元のまとめで資料を作成する際などに用いられましたが、特に活躍したのが総合的な学習の時間です。総合では修学旅行で訪れる場所の事前調査を行う際、1人1台の端末を使ってネットで調べ、わかったことを Google スライドでまとめ、みんなに紹介するという活動を行いました。また修学旅行のしおりづくりでも Google スライドを用いましたし、修学旅行後の振り返り発表も、Google スライドで資料を作成し、プレゼンテーションを行いました。

堀田── 1人1台が整備されると、「あれもやらなきゃ、これもやらなきゃ」と、目移りしてしまいがちですが、西久保先生のように、使うアプリを絞るのも一つの手だと思います。

佐藤── Google Workspace for Education にはさまざまなアプリが用意

されていますが、初期段階ではその中からどれか一つを選んで、重点的に使ってみるといいでしょう。一つのアプリを集中的に多用するとクラウドに慣れていきやすいですし、慣れれば他のアプリにも手を広げやすくなります。

渡邉── 最初からクラウドをフル活用するとは考えずに、できること、得意なことから始め、慣れてきたら他のアプリを使ったり、協働的な学習で用いるなど学習の幅を広げていくといいでしょう。

堀田── 一つのツールしか使わなくても、アイデア次第でさまざまな使い方ができます。一つのアプリをさまざまな場面で、さまざまな方法で使っていくことで、子供も先生も慣れていきます。

何ができるのか子供と一緒に試してみた

堀田── 問題は、どのアプリを選ぶか。選ぶためには、まずは試しにいろいろ使ってみるしかありません。だから焼津市立豊田小は、さまざまなアプリを試してみたんですよね。

三井── 導入して1か月後ぐらいから、Google フォーム や Google スライドなど、Google Workspace for Education のさまざまなアプリを、子供と一緒に試しに使ってみました。

たとえば今まではノートに書いていた授業の振り返りを、Google フォームで書いて提出するようにしてみました。早く回答できた児童はGoogle スプレッドシートにも転記し、みんなで共有。その内容をテキストマイニング（よく登場する単語を抽出する等）して、その場で学級全体の傾向を確認し、みんなで振り返るという活動も行いました。

また Google スライドを使って、ネットで調べたことなどを整理してまとめるようにもなりました。たとえば国語の「ごんぎつね」の時間では、作中に

出てくる木魚や火縄銃などをネットで調べ、写真に解説文をつけて「オリジナル図鑑」を作ったりもしました。

　Google Chat を使って、授業中に子供同士でやりとりすることも盛んです。たとえば調べ学習をしているときに、「今こういうの探してるんだけど、いい資料ない？」「こんないい資料があったよ」と、チャットで情報交換・共有するのです。今までは隣の席や同じグループ内など、物理的に近い人としか授業中にはなかなかコミュニケーションが取れませんでしたが、1人1台とクラウドを用いれば、クラス全員とコミュニケーションが取れます。クラウドのおかげで、情報共有やコミュニケーションが活性化します。

4. 情報モラル指導はどうすべきか
どんなトラブルが発生し、どう指導したか

堀田──Google Chat の話題が出てきたので、情報モラル指導の話をしましょう。GIGAスクールでせっかくクラウドが整備されても、「もしトラブルが起きたらどうするんだ」と、クラウドの機能を著しく制限しようとする傾向があります。南小や豊田小では、情報モラルの指導が必要な問題やトラブルは起きましたか？　また、それにどう対処しましたか？

三井──今回の研究プロジェクトでは、情報モラルに関してどのような事案が起きたか、どんなことを指導したかも調査しましたが、クラウドならではのトラブルが発生しました。他人のファイルに勝手に書き込んだり、関係のないことを書いたり、データを勝手に消したり移動させてしまうなどの問題が相次いだのです。そこで、作成者に了解を得てからデータを編集・移動させるなどのルールをみんなで考えていきました。

　棚橋先生はほかにも、アカウントとパスワードの管理やオンライン上での言葉づかいなども指導していましたが、先生がルールを決めて子供に強

制するのではなく、問題が起きたら子供たちにどんなルールが必要かを話し合って考えさせていたのが特徴的でした。

渡邉── 西久保学級では12月から端末の持ち帰りを開始したのですが、最初はやはり問題が発生しました。端末を使っていいのは夜何時までとルールが決められているのに守れなかったり、クラスのチャットルームでふざけた発言をしたり。でもそこで持ち帰りを禁止するのではなく、クラスみんなで話し合い、ルールを決めました。「先生を必ずグループに入れる」「悪口は絶対に書かない」「敬語を使う」「遊びに使わない」「相手がどう受け取るか考えてから送信する」などのルールです。もちろんそのルールは学校で使うときも適用されます。このように、トラブルが発生したらその都度、子供たちと話し合って指導していました。

三井── こういったトラブルは当然起きます。トラブルが起きたからもう使わせないと禁止するのではなくて、情報モラルを指導する絶好の機会だととらえるべきでしょう。

「GIGAスクールの環境になったことで、情報モラル指導が行いやすくなった」と、棚橋先生は語っています。今までは情報モラルの教材動画を視聴させて、「こういったトラブルが起きたらどうすればいい?」と考えさせていましたが、「こうあるべき」論に終始し、どこか他人事になっていました。しかし1人1台とクラウドを用いて発生した問題は、間違いなく自分たちに深く関わる問題です。自分ごととして考えやすいですし、先生の目の前で問題が起きるので、状況も把握しやすく、機を逃さずすぐに指導できます。

堀田── トラブルの発生を過剰に警戒している方もいますが、使っていればいろいろ問題が起きるのは当然です。「問題が起きる可能性があるから禁止する」ではなく、その失敗をお互い許容しながら、失敗を糧に学び、言動を正していく。そういった情報モラル指導観が、これからは必要になっ

てくるでしょう。

三井—— そもそも学校は、「安心して失敗できる場所」なんですよね。失敗を恐れる必要はない。失敗したら先生や周りの友だちが助けてくれたり、正しい方向に導いてくれる。失敗から学べばいい。そういった学級経営が、GIGAスクールでも大切だと感じました。

堀田—— 結局は学級経営が大事ってことですよね。日頃の学級経営がちゃんとできていれば、1人1台の端末が来て問題が起きても、あわてず対処できるはずです。

5. そして発展的な学習へ
協働的な学びに発展していった

堀田—— 導入初期を乗り越え、2、3か月もすれば、活用はどんどん発展していきました。

渡邊—— 1人1台やクラウドに慣れ、入力スキルや操作スキルが身についてくると、協働的な学びにも使うようになってきました。たとえば社会科で、1枚のスライドにグループのメンバー6人で一斉に書き込みをしたり、コメント機能を使って友だちが作ったスライドにアドバイスを書き込むようにもなっていきました。

三井—— 豊田小でも、協働的な学びが活発になっていきました。国語のごんぎつねの授業では、ごんと兵十の気持ちの変化をどうとらえるかを、1枚のスライドのグラフ上にみんなで書き込みながら話し合いました。これなら、他の人の意見がすぐわかります。まるでクラスみんなのノートが自分の手元に集まってくる感じと言ったらいいでしょうか。だから対話も活性化しましたし、子供たちも「クラウドって便利だね!」と、その良さを実感していました。

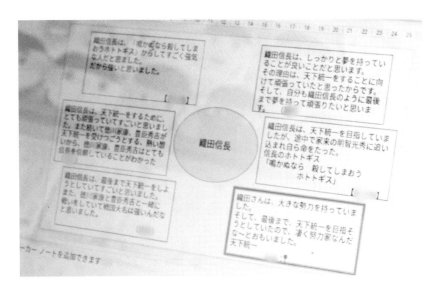

Google スライドの共同編集機能を用いて、一つのスライドでお互いの感想を見合ったり、コメント機能でアドバイスをし合ったりするようになる。(写真提供：鹿児島女子短期大学 渡邊光浩)

　4か月目にもなると、クラウドを用いた授業の流れがパターン化され、各教科で定着していきました。まず端末で個別の学びを行って自分の考えを形成し、次にグループ内で発表して議論し、そしてクラス全体で考えを共有して振り返る、といった具合に、個別の学びから協働的な学びへ広がっていくパターンです。

佐藤—— 両クラスとも、毎日活用してきたからこそ、いろいろなことができるようになっていった、と言えるでしょう。

6. 研究の結果、わかったこと
入力スキルは目に見えて向上した

堀田—— 今回の研究では、子供や先生の変化を裏づけるさまざまなデータも取り分析しましたので、それについても議論したいと思います。

渡邊—— 入力スキルがどれほど上達したかを、データをもとにお話ししたい

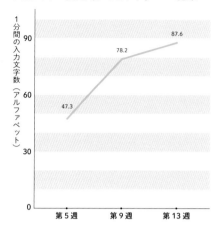

入力スキル調査（タイピング）—— 結果

1分間の入力文字数（アルファベット）

90 … 87.6
78.2
60 … 47.3
30

0
第5週　　第9週　　第13週

ローマ字入力での1分間あたりのアルファベットの入力文字数。2学級分の結果（有意差がないのでまとめて）

有意に5週<9週<13週

（データ提供：鹿児島女子短期大学　渡邊光浩）

と思います。2学級の児童を対象に、二つの調査を行いました。一つはタイピングで、変換を伴わない入力がどれだけできるかを、毎週計測しました。もう一つは日本語入力で、変換まで含めた文章入力を毎月測定しました。

　まず一つめのタイピングについては、ネットのタイピングサイトを用いて、1分間あたりの入力速度（ローマ字入力）を計測しました。2学級に有意差はありませんでしたので、まとめて結果を示すと上のグラフのようになります。時間が経つにつれ、着実に入力できる文字数が増えています。

　二つめの日本語入力ですが、こちらはさらに二つに分けて実施・分析しました。一つは視写入力と呼んでいて、子供にとって初見の問題文を用意し、その文章を見たまま入力してもらいました。もう一つは思考入力と呼んでいて、こちらが用意した初見の問題文を読んで、考えたことや感じたことを入力してもらいました。

　端末を使い始めて2か月目（10月）と3か月目（11月）に調査しましたが、こ

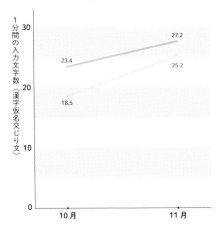

入力スキル調査（日本語入力）── 結果 ── 視写入力　思考入力

1分間の入力文字数（漢字仮名交じり文）

30

27.2
23.4

25.2
20
18.5

10

0

10月　　　　11月

ローマ字入力し、変換。1分間あたりの
漢字仮名交じり文の入力文字数。2学級
分の結果（有意差がないのでまとめて）

視写入力も思考入力も

有意に 10 月＜11 月

10月も11月も

有意に思考入力＜視写入力

ただし10月は1％水準、11月は5％水準
の有意差

（データ提供：鹿児島女子短期大学 渡邉光浩）

ちらも2学級に有意差はありませんでした。1分間で漢字仮名まじりの文
をどれだけ入力できたかをまとめると、このグラフのようになりました。

　視写入力も思考入力も、10月より11月の方が増えています。視写入力
の方が思考入力より文字数が多いのは両月とも変わりませんが、その差は
縮まっています。現在12月の調査結果を分析している最中ですが、思考
入力が視写入力に追いついたようです。

　ちなみに、2015年度に実施された情報活用能力調査（高等学校）では、
高校生の1分間あたりの文字入力数は24. 7文字、小学生（2013年度の情報
活用能力調査）は5. 9文字でした。2学級の子供たちは、わずか3か月で高
校生を上回る日本語入力スキルを身につけたことになります。ただし、小
学生の手書きの速度（4年生が32. 6字、6年が43. 4字）にはまだ追いついていな
いのが現状です。

堀田── このデータでまず注目したいのは、2学級に有意差がなかった点

です。担任の先生にICTが得意・不得意の差があっても、子供たちの入力スキルに差が出なかったということは、「練習すればできるようになる」ということです。子供が練習できる環境をつくり、日常的に練習して活用を繰り返していけば、必ず子供は伸びていきます。

　しかも3か月練習すれば、高校生のレベルを超えます。半年も経てば、手書きと変わらない速度まで到達するかもしれません。GIGAスクール導入初期は子供の入力スキルが十分でないため、「ICTは時間がかかり手間がかかる。これなら手書きの方がいい」と感じがちです。でも毎日使っていれば、手書きと変わらなくなります。そうなれば、「タイピングが遅いから今まで通り紙で行おう」ではなく、「この活動は紙の方が向いているから、紙で行おう」と、紙の良さとICTの良さだけを考えて、活動を選択できるようになります。まずは、入力スキルの練習を行いましょう。

基本的な操作やアプリ操作のスキルも向上した

渡邊──Chromebookやアプリの操作スキルについても、調査しました。導入後約3か月と約4か月の2回、Chromebookやアプリの操作について、181項目について子供たちに自己評価してもらいました。そして右上が、12月の時点で「できている」と回答した子供の割合が多かった順に、アプリを並べた表です。たとえば「基本的な操作」については、93.5％もの子供が「できている」と感じています。

　こうして並べて見ると、学習でよく使うアプリほど、「できている」子供が多いことがわかります。たとえば南小はGoogle ClassroomやGoogleスライドを重点的に用いていましたので、Googleスライドの「できている」率がとても高くなっている一方、授業であまり使っていないアプリについては低い数字になっています。豊田小は子供たちと一緒にさまざまなアプリ

基本的な操作やアプリ操作のスキルに関する調査──結果

各操作について「できる」と答えている子供の割合（基本的な操作・アプリごと）

	豊田小 (4年) n=31			南小 (6年) n=30		
	導入前	11月	12月	導入前	11月	12月
基本的な操作	24.9%	80.9%	99.0%	49.4%	86.4%	87.9%
Google Classroom	14.1%	83.1%	99.6%	13.3%	78.8%	85.4%
YouTube	12.9%	25.8%	96.8%	50.0%	80.8%	85.8%
Google スライド	16.4%	85.0%	100.0%	16.4%	62.9%	74.5%
キーボード入力	22.2%	79.0%	85.9%	52.9%	74.2%	77.9%
Google Jamboard	11.7%	83.5%	100.0%	10.4%	22.5%	47.9%
Google ドキュメント	11.4%	63.0%	89.7%	20.2%	58.0%	54.2%
Google スプレッドシート	8.3%	48.4%	89.7%	5.1%	18.4%	54.2%
タイマー	7.5%	50.5%	100.0%	26.7%	30.0%	41.1%
Google マップ	7.4%	36.9%	82.5%	25.2%	46.2%	59.0%
Google カレンダー	7.5%	66.7%	98.9%	16.7%	22.2%	36.7%
Google Chrome	12.5%	55.2%	79.5%	26.9%	52.2%	55.7%
Google Meet	8.9%	87.5%	99.6%	4.2%	8.3%	30.8%
Google フォーム	6.5%	56.3%	75.7%	10.9%	41.2%	47.9%
ファイルの操作・整理	13.7%	69.4%	62.6%	15.6%	51.1%	49.2%
カメラ	7.6%	37.5%	68.3%	19.4%	31.5%	38.5%
Gmail	15.0%	71.0%	78.9%	11.5%	14.2%	27.3%
全項目平均	12.3%	63.5%	88.6%	22.0%	45.8%	56.1%

「できる」＝「端末が来る前からできていた」＋「使い始めてからできるようになった」

（データ提供：鹿児島女子短期大学 渡邊光浩）

を試していましたので、まんべんなく高い数字が出ました。

堀田── つまり、日常的に使っていれば、必ず子供はできるようになる、ということですね。

端末の活用時間と活用回数の推移

三井── 先生と子供が端末をどのぐらい使っているかも、調査しました。端末が導入されて1か月間、棚橋学級の国語（2時間）、社会、道徳の合計4時間分について、録画した授業動画を見て、端末を活用した時間と回数を調べました。端末活用の回数は、一つの活動を1回とカウントしています。

　まず端末活用回数ですが、教科によって異なりますが、授業者の活用回数は平均すると1時間の授業で6.5回、学習者の平均は5.5回となりました。端末を導入して1か月ですので、まだ先生が操作する回数の方が多いのです。

授業分析から見えてきたこと──端末の活用時間の割合の変化

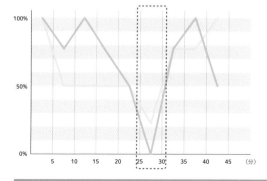

端末を活用している授業の割合の変化（授業者・学習者）　──授業者　　学習者

・授業冒頭の5分間ではどの授業も端末を活用している。

・授業終盤では、学習者の端末活用時間が増える。

信州大学 佐藤和紀研究室／常葉大学 三井一希研究室
南條優、池田彩乃、手塚和佳奈、三井一希、佐藤和紀、堀田龍也（2020）「1人1台端末環境の学級におけるPC活用の場面・頻度・時間に関する分析」JSET20-3：113-116

授業の中で端末を活用していない時間があることを確認

（データ提供：常葉大学 教育学部 三井一希）

　次に、活用時間です。45分間の授業の中で、端末を何分使ったかを計測しました。平均すると、授業者が18.5分、学習者が16.5分となりました。授業中ずっと端末を使っているのではなく、およそ3分の1ぐらいしか使っていないことがわかります。

　では、授業中のどのタイミングで端末を使っているのか。それを表したのが、上のグラフです。授業開始5分は、授業者も学習者もどちらも使っています。先生は資料を配布し、子供たちがその資料を見たりしているためです。しかし授業開始後30分ぐらい経つと、授業者がまったく使わない時間が来ます。この時間帯は子供が端末で活動し、先生はその様子を机間巡視している形です。授業終盤のまとめに向かうにつれ、先生も子供も活用が増え始めますが、最後のまとめのところでは先生の活用が減ります。これは、子供が端末で授業の振り返りを書いているためです。

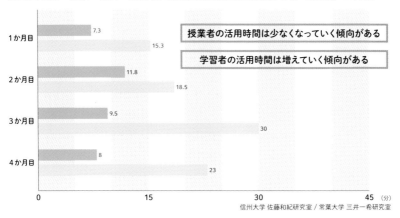

授業分析から見えてきたこと——端末の活用時間の月毎の変化

月ごとに、国語1・算数1・理科1・社会1の計4時間分の端末活用時間を調査し、平均。　■授業者　　学習者

1か月目	授業者の活用時間は少なくなっていく傾向がある
	学習者の活用時間は増えていく傾向がある

1か月目　7.3 / 15.3
2か月目　11.8 / 18.5
3か月目　9.5 / 30
4か月目　8 / 23

信州大学 佐藤和紀研究室 / 常葉大学 三井一希研究室

（データ提供：常葉大学 教育学部 三井一希）

　最後に、1か月目から4か月目までの、活用時間の推移をまとめてみました（上のグラフ）。月ごとに、国語1・算数1・理科1・社会1の計4時間分の端末活用時間を調査し、平均を出しています。

　これを見ると、1か月目から4か月目まですべて、学習者の方が活用時間が多いと同時に、授業者の端末活用時間がだんだん減少していることに注目してください。導入初期は先生がお手本を示したり指示したりする必要があるため、先生の活用時間が長いのですが、慣れてくるにつれ子供が自分でできるようになるので、先生の活用時間が減っているのです。

堀田—— 先生から子供へ「学習のイニシアチブ」が移行していく様子が、はっきり表れていますね。子供の活用時間が増加していますが、量が増えただけでなく質も向上していると思われます。キーボード入力がおぼつかない頃の10分間の活用と、入力スキルが向上した状態での10分間の活

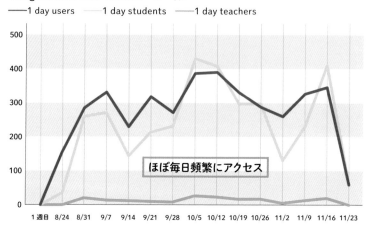

Google Classroom 1日のユーザー数

——1 day users　——1 day students　——1 day teachers

ほぼ毎日頻繁にアクセス

1 週目　8/24　8/31　9/7　9/14　9/21　9/28　10/5　10/12　10/19　10/26　11/2　11/9　11/16　11/23

（2週目からは月曜日の日付を表記）

（データ提供：信州大学 教育学部 佐藤和紀）

用とでは、活動時間は同じでも学習の質は高くなっているはずです。

各アプリの使用状況の変化

堀田—— 2学級のさまざまなアプリの操作ログを取って分析した佐藤先生に、総括していただきます。

佐藤—— Google Workspace for Education のさまざまなアプリについて、8月末から11月末まで3か月間の操作ログを取り、先生や子供はどのアプリをいつ、どのぐらい使っているかを分析しました。GIGAスクールでまず何から始めればいいのか、その後どう展開していけばいいかの参考になると思います。

　まず、Google Classroom についてですが、1日のユーザー数の推移を見ると、先生も子供も毎日使い続けていることがわかります（上のグラフ）。ユー

ザー数が200から450と高水準で推移しているのは、1日に1人が何度も
クラスルームを見に行っているからです。Google Classroom が、学習活
動や学校生活のプラットフォームになっていることがわかります。

　Google Workspace for Education でよく使われる四つのアプリ、Google
スプレッドシート、Google ドキュメント、Google スライド、Google フォー
ムの使用状況も調査しました（P64グラフ）。この中では、Google スプレッドシー
トと Google フォーム（グラフは割愛）の活用が初期に増えています。

　Google スプレッドシートは、名簿との相性がとてもいいんです。Google
スプレッドシートで子供の名簿を作っておいて、自分の名前の横に指示し
たことを書き込ませるという活動が、どの学校でもよく見られます。たとえ
ば僕は、100m 走のタイムを各自入力させていました。しかも他の人の書
き込んだ内容も見られるので、導入初期に重宝します。

　Google フォームも、導入初期から活用が多いのが特徴です。子供たち
のキーボード入力がおぼつかない状態でも、Google フォームなら選択肢を
クリックするだけでも使えるので、ハードルが低いのです。先生が発問し
たり、アンケートや小テストなど幅広く使えるのも特徴で、導入初期以降も
よく使われます。

　Google ドキュメントは、2か月目から急に活用が増えていきます。入力
スキルが向上して自分で文字が打てるようになってきたので、Google ド
キュメントに書く活動が増えているのです。

　Google スライドが他のアプリと異なるのは、最初からとても活用量が多
い点です。導入初期でも、Google スライドの作成・編集・閲覧がすでに
250を超えています。これは導入初期でも先生が作成した Google スライ
ドの教材を、子供が見たり、書き込んだりするからです。そして3か月目から、
子供が Google スライドを作成する機会が急増します。入力スキルが上が

Google スプレッドシートの作成・編集・閲覧

——Google スプレッドシート作成　——Google スプレッドシート編集　　Google スプレッドシート閲覧

初期に活用が増える

（2週目からは月曜日の日付を表記）

Google ドキュメントの作成・編集・閲覧

——Google ドキュメント作成　——Google ドキュメント編集　　Google ドキュメント閲覧

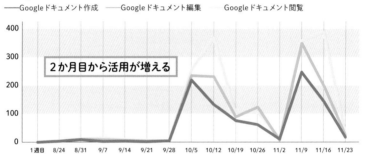

2か月目から活用が増える

（2週目からは月曜日の日付を表記）

Google スライドの作成・編集・閲覧

——Google スライド作成　——Google スライド編集　　Google スライド閲覧

3か月目から児童の作成が増える

（2週目からは月曜日の日付を表記）

（データ提供：信州大学 教育学部 佐藤和紀）

り、1人1台とクラウドを使った学習にも慣れてきて、自分たち自身でスライドを作れるようになってきたのです。その結果、Google スライドの作成・編集・閲覧回数は、1000に届く勢いにまで達しています。

　全体の傾向をまとめると、導入初期は先生が作成した教材を利用することが多いですが、2、3か月経つと、子供自身が作成するようになってきます。つまり、学習の主導権が先生から子供へ移譲されていくのだと言えます。

堀田── 佐藤先生のログ分析から、多くのことがわかりましたが、これもデジタルならではと言えます。紙ベースの時代は、子供たちが何をどのぐらい行っているかは、とても把握しづらかった。しかし1人1台とクラウドによって、子供や先生が何をしているかを正確に把握でき、それが変化していくプロセスも可視化できるようになるのです。

7. 読者へのメッセージ
2、3か月頑張れば、道は開ける！

堀田── 最後に、読者の方々へメッセージを送りましょう。

佐藤── GIGAスクールの1人1台やクラウドを活用していく上で大事なのは、毎日コツコツ使うことです。漢字ドリルや計算ドリルと同じで、毎日繰り返さないと使えるようにはなりません。

　そして1人1台やクラウドが入ったからといって、授業が一気にガラリと変わったりはしません。まず最初は、今までの学習活動の中で少しずつ1人1台やクラウドを使っていく。そうしているうちに、授業も少しずつ変わっていき、学習の主導権が子供に移っていきます。

堀田──「GIGAスクールだからこそできる新しい実践」を最初から追求してしまいがちですが、性急に事を運ばずとも、少しずつ新しい学びになっていくということですね。

佐藤── あとはやはり学級経営ですね。学級経営がしっかりしていれば、1人1台やクラウドが入ってきても、何かトラブルが起きたとしても、恐れることはありません。

堀田── 最後に、西久保先生の言葉を借りて、まとめたいと思います。1人1台が導入されて2か月後に、僕は西久保学級を訪問して、お話を聞きました。「先生よりもICTの操作が上手な子はどのぐらいいますか?」と尋ねたところ、西久保先生はしばらく考えて、「全員です」と答えました。「自分よりも子供の方が詳しいことが不安ではないですか?」と聞いてみると、「最初は不安でしたが、今はわからなかったら子供に聞けばいいし、私が細かく指示しなくても子供たちはうまくやってくれるので、むしろ安心です」と、明るい表情でした。

「先生は子供より詳しくなければならない。子供に何を聞かれてもきちんと教えられなければならない」と、先生は考えがちです。それは教師としての責任感の強さでもあるのですが、あまり気負いすぎないでください。子供を信頼して、任せればいいのです。学級経営がうまくいっていれば、先生の期待に子供は必ず応えてくれます。

導入した最初は、苦労するとは思います。でも2か月も経てば、子供はすっかり慣れ、先生よりも上手になります。そして3か月も経てば、子供はたくさんのことができるようになって、授業が変わっていきます。1年や2年我慢しようと言っているのではありません。まずは1学期の間、頑張ってみましょう。

対談 ｜ 堀田龍也 × 高橋純

PART 3
次世代型情報活用能力を育成する教員研修・教員養成

東北大学大学院
情報科学研究科
堀田龍也 教授

東京学芸大学 教育学部
高橋純 准教授

67

1. 教育を取り巻く変化
社会環境の変化と新学習指導要領の理念

堀田——「教育の情報化」が加速しています。GIGAスクールの本格的な活用がいよいよ始まり、1人1台、高速ネットワーク、クラウドといった環境を、授業の中で日常的に使うようになります。授業に限らず、家庭にも端末を持ち帰って使うようになりますから、子供の学習環境は激変すると言えるでしょう。

　この「教育の情報化」の波に、みなさんの学校は対応できているでしょうか。これまで1人1台やクラウドなんてなくても授業をやってこられたのだから、変える必要はないという方もいるかもしれません。しかし学校は社会から大きく取り残されています。新型コロナで突然臨時休業になった際も、ほんのわずかな学校しかオンライン授業を実施できませんでした。民間企業が Google Meet や Google Workspace for Education などのクラウドを活用してリモートワークに素早く切り替えたのと、あまりにも対照的でした。

　このままでは、子供たちが社会に出たとき、学校と社会のギャップに苦しみます。情報化に対応できないがために、能力を十分に発揮できないかもしれません。ですから学校もしっかり「情報化」を進め、子供たちに情報活用能力をはじめとする、これからの時代で必要になる資質・能力をしっかり育む必要があるのです。

高橋—— 新型コロナが蔓延する直前の令和元年12月に中央教育審議会（以下、中教審）がまとめた、「新しい時代の初等中等教育の在り方 論点取りまとめ（概要）」の中に、以下のような文があります。

　「育成を目指すべき資質・能力」として、

　　　変化を前向きに受け止め、豊かな創造性を備え持続可能

な社会の創り手として、予測不可能な未来社会を自立的に
生き、社会の形成に参画するための資質・能力を一層確実
に育成（傍点：高橋）

　新型コロナはまさに「予測不可能な」事態でした。「本当に現代は予測
困難な時代なんだな。こういう時代にも対応できる力を子供たちに育んで
いかねばならないんだな」と、先生方はひしひしと感じたはずです。傍点
部の「持続可能な社会の創り手」も今までは抽象的に聞こえましたが、新
型コロナで多くの産業が打撃を受け、医療体制の崩壊も警戒される今、
「持続可能」の大切さや難しさを、先生方も子供も実感したと思います。

　予測不可能な未来に何が起きても対処できるようにするには、持っている
「武器」は多ければ多いほどいい。各教科で学んだ知識・技能や思考力・
判断力・表現力、そして「学びに向かう力・人間性等」も、とても頼りにな
る「武器」になります。

　新学習指導要領の総則解説に、「生涯にわたって能動的に学び続ける」
との言葉があります。僕はこの言葉をとても好きですし、新学習指導要領
の大事な理念であり、さまざまな事柄に適用できるととらえています。

　子供たちが「生涯にわたって能動的に学び続ける」ようにするためには、
学び続けるマインドやスキル、学ぶ方法を教え、身につけさせなくてはな
りません。GIGAスクール構想も、「生涯にわたって能動的に学び続ける」
を軸に考えれば、どんなことを教え、取り組ませるべきかが見えてきます。

　学習するときに、ICTはとても便利な道具になってくれます。情報を得る
手段として役立つだけでなく、学んだり調べたことを整理してまとめ、表現
するのにもICTは役立ちます。今の大人は、ICTを使って学んだり、仕事
をしたりするのが当たり前の時代です。子供も、同様の力を身につける必
要があります。

そのためには、まず学びの道具として1人1台やクラウドを使うスキルを育むことが欠かせません。そしてそのスキルを使ってICTで学ぶ経験を積ませ、自分で学んでいく態度や方法を獲得させる必要があります。先生から与えられた課題に取り組んだりワークシートの表を穴埋めしていったりするようなことではなく、自ら問題を発見し、その解決に役立つ情報を集め、整理・分析して解決策を考え出し、まとめて発信する。その道具として、ICTを活用する。「生涯にわたって能動的に学び続ける」という視点でGIGAスクールをとらえると、このような学習活動と資質・能力の育成が求められるのだとわかります。

　子供だけではありません。先生も「変化を前向きに受け止め」、「予測困難な時代」に対応していかねばなりません。新型コロナによる突然の臨時休業も、休業時にオンライン授業が求められることも、誰も予測していませんでした。予測していなかったけど対応できた学校・地域と、対応できなかったところとの差は、まさに新学習指導要領が求める力の差でもありました。

　そして先生も、「生涯にわたって能動的に学び続け」なければなりません。先生自身が学び続ける態度や力を持っていなければ、子供に教えることもできませんし、これほど変化が激しく予測困難な時代に今までの教員経験で培った知識や経験だけで立ち向かうのは難しいのです。

2. まずは意識を変えることから
使ってみれば意識は変わる

堀田── 先生方も、生涯にわたって学び続け、新しい時代に合った授業に変えていかねばなりません。「授業観」を変えると言えばいいでしょうか。そうなると教員研修や教員養成も変わらなければなりません。そのためには、何から始めればいいでしょうか?

高橋── 結論から先に言うと、先生方にまず求められるのは、意識を変えること、マインドを変えることだと思います。しかし「意識を変えよう」って、今までもずっと言われ続けてきたんですよね。ですので今回のGIGAスクール構想で「意識を変えよう」と促されても、「またか」とうんざりして、心に響かない先生もいるのではないでしょうか。

　結局、他人から「意識を変えよう」と指示されても、素直には受け止められませんし、逆に反発心をおぼえてしまうこともある。やはり先生自身が「変わらなきゃ！」と自覚するしかありません。

堀田── 先生たちに自覚を促し意識を変えるためには、まずICT環境が整っていることが必要不可欠です。今回GIGAスクール構想でICT環境が整備されたのは、意識を変える絶好の機会と言えます。

高橋── GIGAスクールと新型コロナによる臨時休業が同時に起きたのは、とても大きかったと思います。

　たとえば新型コロナの影響で、公開研究授業は軒並みオンライン化を余儀なくされました。1年前までは公開研究授業をオンラインで行うなんで不可能だと、思っていました。でも新型コロナで大勢の人を学校に招くのは難しいため、苦肉の策でオンラインで実施してみたのです。すると、完璧ではないけど行うことができて、先生方は驚きました。同時にオンラインならではの良さを発見し、創意工夫を発揮し始めました。たとえば授業を撮影した動画を流しながら、ベテランの先生や授業者本人が解説したり、授業動画を見ながら参加者同士でクラウド上でディスカッションするなど、公開研の新たなスタイルが生み出され始めたのです。

　授業も変わり始めています。これはある中学校の先生の例ですが、「今までは高校入試のためにも、先生がしっかり教えていかなきゃいけない」と、ずっと信じて知識を教え込んできたそうです。しかし今回GIGAスクー

子どもたちは1人1台端末を使って、主体的に学び始めた。
（写真提供：春日井市立高森台中学校 水谷年孝校長）

ル構想で1人1台の端末が入ってきて、少し授業の仕方を変えてみようという意識が先生の中で生まれました。

　今まで子供に教え込んでいたことを子供たちに任せて、先生の手離れを少しよくしてみよう。クラウドだから、一人ひとりが別々なことをやっても把握がしやすいし大丈夫だろう。そう思って試してみたところ、子供たちはとても熱心に、主体的に学び始めたそうです。先生が思った以上に、新しい授業、新しい学び方に、子供が順応したのです。

　その姿に先生は感動し、「子供ってこんなに勉強したかったのか。今までの授業は、先生が一方的に教えすぎていたかもしれない」と自省し、授業を変えていこうと決意しました。こんな話が、GIGAに取り組んでいる先生方から次々と報告されています。

堀田── 高橋先生が今おっしゃったような、たった1、2か月で子供や先

生たちの意識が激変する姿を、僕もよく見ます。「案ずるより産むがやすし」とはこういうことだなと、実感しました。

　GIGAスクールの環境をまずは使い始めてみれば、徐々に意識は変わっていき、授業も少しずつ変わっていきます。今までは先生が知識を教え込んでいたけど、1人1台の端末を使って子供に調べさせ、知識を獲得させてみようとか、その知識を子供同士で共有させて話し合わせ、クラウド上で成果物を作らせ、プレゼンさせてみようとか。GIGAスクールのICTを使っているうちにさまざまな授業アイデアを思いつき、そのアイデアを試しては修正するようになります。

　このサイクルを繰り返しているうちに、授業がだんだん変わっていく。その結果、子供たちには情報活用能力などの資質・能力が育まれていく。僕はそんな期待を抱いています。

高橋── GIGAスクールの環境を使い始めた先生は、意識が変わっただけでなく、強い危機感も抱いたことも特に述べておきたいです。「自分が今までやってきた授業は、ICTに取ってかわられるかもしれない」と感じ始めたのです。

　たとえば「知識を伝達するだけの授業なら動画教材で十分だし、その方が学習者にとって便利ではないか」と、先生方は気づき始めました。動画教材なら、自分が好きな時間・場所で学べるし、何度も見直したり、一時停止してじっくり考えたりと、自分のペースで学べます。さらに、子供の選別の目にさらされます。「この先生の授業動画はわかりにくいな」と思われたら、別の先生の授業動画に変えられてしまいます。

　他の職業は発達した人工知能に取ってかわられるかもしれないが、教師という仕事は安泰だと思っていた。ところがすでに、足下が脅かされていた。そんな恐怖にも似た感情を、GIGAスクールの環境で授業を行ってみ

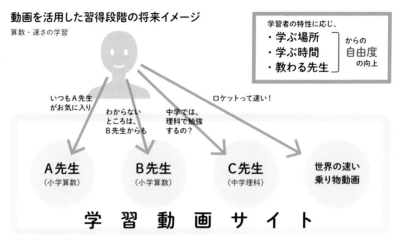

動画を活用した習得段階の将来イメージ
算数・速さの学習

学習者の特性に応じ、
・学ぶ場所
・学ぶ時間
・教わる先生
からの自由度の向上

いつもA先生がお気に入り

わからないところは、B先生からも

中学では、理科で勉強するの?

ロケットって速い!

A先生（小学算数）　B先生（小学算数）　C先生（中学理科）　世界の速い乗り物動画

学　習　動　画　サ　イ　ト

©2020　髙橋純（東京学芸大学）

動画での学習なら、学習者が自由に教材を選択できるので、主体的な学びが促されていく。
（東京学芸大学 髙橋純准教授提供の図をもとに作成）

た先生方は感じたのです。

　その結果、自分の授業をどう変えていけばいいのかを、一生懸命考え始めました。子供が主体的に活動したり、協働的に活動したりするような授業を行っていくことが、結果的に自分の職業を守ることにつながるのではないか。そんな意識が芽生え始め、授業観が大きく転換し始めたのです。

　このように環境が変わり、置かれる立場が変われば、自覚が強く促されます。自覚すると、先生は創意工夫を発揮し始め、どんどん授業が変わっていきます。

堀田──環境が整っていなければ使えないし、使えなければイメージはわかないし、意識も変わりません。環境が備わっていないうちは、何を言っても響かないし、「そんなものはいらない」と拒絶してしまいます。でも新しい環境を使い始めたら、割とすぐに意識は変わるんです。

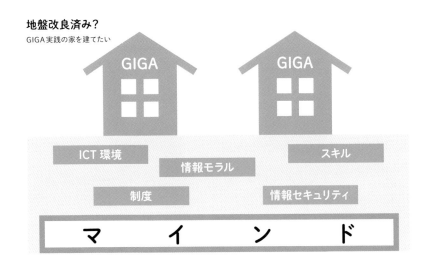

地盤改良済み？
GIGA実践の家を建てたい

GIGAスクールの実践を家を建てることにたとえるなら、家の土台となる地盤の改良が不可欠。中でもマインドや意識の改革は最も重要。（東京学芸大学 高橋純准教授提供の図をもとに作成）

3. 教員研修はどう変わるべきか
まずは体験から始めよう

堀田—— すべての先生に意識改革を促すには、やはり教員研修が重要になってきます。教員研修はどうあるべきでしょうか？

高橋—— GIGAスクールの環境を使い始めたら意識が変わった例をいくつか紹介しましたが、なぜこれらの学校や先生がこれほど短期間にGIGAスクールの環境を活用できたかというと、ずっと以前から「地盤改良」してきたからです。

　GIGAスクールを「家を建てる」ことにたとえて考えてみましょう。ICT環境さえ整えば、家が建つわけではありません。家が建つ「地盤」を改良する必要があります。「地盤」とは、子供や先生のICTスキルであったり、

授業研修をオンライン化。配信される授業動画を見ながら、先生同士でディスカッションを行ったり、ベテランの先生が解説を加えたりする。(写真提供：春日井市立高森台中学校 水谷年孝校長)

正しく安全にICTを使える情報モラルやセキュリティ、クラウドを便利に使えるようにするための個人情報保護条例の改正などです。この中に、先生方の「意識」も含まれます(前ページ上図)。

　そうした地盤改良をまだ行っていない学校は、GIGAスクールの環境が整ったからといって、すぐに成果が出ないかもしれません。先行する学校に早く追いつきたい焦りもあるでしょうが、こうした地盤改良を一つひとつ地道に積み重ねていきましょう。

堀田── では、どんなことから教員研修を始めればよいでしょうか？

高橋── まずは体験してみましょう。Google Workspace for Educationのさまざまなアプリに触れて、使ってみることから始めましょう。ICT研修だけでなく、さまざまな研修をGIGAスクールの環境で行ってみるとよいと思います。教員研修に限らず、普段の校務もGIGAスクールの環境で行っ

GIGAスクール環境の活用を開始している学校では、さまざまな教員研修を先生方1人1台の端末で行っているほか、職員会議を Google Classroom で行うなど、校務でも活用している。
（写真提供：春日井市高森台中学校 水谷年孝校長）

てみましょう。授業を変える前に、まずは先生自身がGIGAスクールの環境を教員研修で体験して、その便利さを知ることが第一歩です。自らの学習の仕方が変われば、子供の学習も変えていこう、変えていかねばと思えます。

堀田── 僕もそう思います。まずは便利に使ってみましょう。たとえば研修の参加者管理も、今までは参加者から電話やメールで受講希望が寄せられると、表計算ソフトに名前や学校名や連絡先を入力して……と、とても手間がかかっていましたが、Google フォームを使えば今までの苦労が嘘のように楽になります。

　教員研修はオンライン化できるものは可能な限りオンラインに切り替えて、

NITS独立行政法人教職員支援機構では、校内研修シリーズと題して、さまざまな講師陣の講義
動画をYouTubeにて無償で提供している。東京学芸大の高橋准教授も出演している。
（写真提供：NITS独立行政法人教職員支援機構 YouTube チャンネルより）

むしろオンラインでできないことは何かを考えるとよいと思います。

　たとえば知識を学ぶような講義型の研修は、オンラインが向いています。オンラインなら時間と場所の制約から解放され、最新かつ正確な情報を、優れた講師から迅速に学びやすくなります。受講者の興味関心や志向に応じた講座を複数用意できますし、定員を気にする必要もありません。一方で模擬授業やワークショップなど、他者と膝をつき合わせながら議論したり、ブレインストーミングしながら一緒に何かをつくり上げていったりするような研修は、オンラインでも可能ではありますが、対面で行った方が効果はあると思います。

　講義型の研修は基本的にオンラインで提供する自治体や団体も出始めています。それの最たる例は、NITS独立行政法人教職員支援機構です。YouTubeで1本30分前後の研修動画を配信しています。また民間企業も、

教員研修に役立つ動画などを積極的に配信し始めています。

　ところがいまだに、YouTube がフィルタリングではじかれて見られない学校も存在します。管理職や教育委員会は、そうしたGIGAスクールの時代に合わない運用規定や条例等を早急に見直す必要があります。

　今までの研修の枠組みを維持しながらGIGAスクールの環境を取り入れようとすると、今までよりも煩雑で大変になり、長続きしない恐れがあります。ですので、研修の枠組み自体を見直しましょう。たとえば、知識の習得は個々の先生が動画で研修を受けてもらって、その上で最後にみんな集まってディスカッションを行うとか、研修計画そのものを、GIGAスクールに合わせてデザインし直すのです。

日常の中に研修を溶け込ませる

堀田——進んでいる学校や地域は、このように教員研修の改善も進んでいます。新型コロナ禍以降、官民が行う各種セミナーは多くがオンライン開催に切り替わり、Googleでも Google Workspace for Education に関するオンラインセミナーを何度も開催しましたが、どのセミナーも以前より多くの参加者が受講しました。オンラインならば会場まで足を運ぶ時間やコストがかかりませんし、動画がアーカイブされていれば気になる箇所を繰り返し視聴できます。このような利点に先生方が気づき、オンラインで積極的に学び始めたのです。

　セミナーに限らず、先生間のネット上のコミュニケーションも、とても盛んになってきています。学校や地域、校種の垣根を越えて先生同士がつながり、SNSなどを通じて情報交換したり、質問して教えてもらったりしています。「オンラインで学ぶ」というスタイルを、多くの先生方が取り入れ始めたのです。

 長縄正芳　9月9日, 15:38
普通教室に近い特別教室のロッカーを使い、一時的な保管・充電を行います。
ロッカーには取り出しやすいように、出席番号のシールを貼りました。
これを、次の学年の特別教室でも準備します・・・。

 長縄正芳　9月9日, 15:42
Googleアカウントについては、名刺ぐらいの大きさのカードを作成し、これを活用します。
ログイン時にカードを配付、入力、その後回収して、職員室で各学年の整理棚に入れて管理します。
詳細は、スライドをご覧ください。

Google Chat を使えば、ちょっとしたアイデアを写真入りで簡単に情報発信・共有できる。写真は、
1人1台端末をロッカーに整理して仕舞う方法の共有。
（写真提供：春日井市高森台中学校 長縄正芳）

　しかし一方で、こういう動きにまだ気がついておらず、「教員研修＝みん
なが一堂に会して年に数回行う」という古い認識で止まっている先生もいま
す。学校や先生の「格差」は、ますます広がっていると危惧しています。

高橋── 格差は広がっていると感じますね。進んでいる学校では、教員
研修がもはや「日常に溶け込み」始めています。

　たとえばある学校では、Google Workspace for Education の Google
Chat を使って、先生同士で今日の授業の様子を日常的に報告し合ってい
ます。授業の写真を貼って、「今日はこんな授業を行いました。子供たち
はこんな様子でした」と、数行程度で紹介しているのです。それを見た先
生がチャット上で評価したり、質問したりしています。つまりチャット上にど
んどん授業事例が蓄積され、日常的な学び合いが起きているのです。こ
れはもう研修だと言っても差し支えないでしょう。

僕も外部講師や指導担当として、普段から先生方のチャットグループに参加させていただき、適宜助言させていただいています。今までは年に数回学校を訪問し、授業を参観して助言を行うのが限界でしたが、日常的に指導できるようになったのです。

　また学校の垣根を越え、同じ市町村内の学校に勤務する先生同士でチャットグループを作って、学び合っているケースも見られます。たとえばある地域では、臨時休業について保護者にお知らせするプリントを、大勢の先生が学校の垣根を越えて Google Chat 上で意見交換しながら作っていました。

　「何月何日に、この場所に、みんなが集まって、何時間研修を行う」という研修のイメージを、変えるときが来たなと思います。時間や場所の制約から解放されて、日常的に、必要に応じて必要な人とつながって、学び合う。これからはそんな研修になっていくのではないでしょうか。オンライン研修が集合研修の代替ではなく、新しい研修のスタイルが生み出され始めていると肌で感じます。

堀田―― 研修を計画・実施する管理職や教育委員会が、まずはイメージを変えなければなりませんね。

高橋―― 「Google Chat 上で研修する、学び合う」と聞くと、抵抗を感じる先生もいるかもしれませんね。しかし、チャットはとても便利なツールです。必要な情報を不定期に、気軽に受発信できます。

堀田―― Google Workspace for Education の中に、なぜ Google Chat が入っているかを、先生方はご存じでしょうか。今やビジネスの世界では、チャットで連絡を取り合うのが常識になっているからです。そういった社会の常識を、先生方、特に管理職や教育委員会の方々には、ぜひ知ってほしいと思います。

そのためにはまず自分で、Google Chat を使ってみましょう。業務連絡や情報共有も楽になりますし、意思疎通もはかどります。すべてをチャット上で行う必要はなくて、細かい話は会って話せばいいのです。

　そうやって自分で仕事で Google Chat を使ってみれば、子供たちに使わせるときの練習にもなります。どんなことができて、どんな使い方ができそうか、どんなことを注意すればよさそうかが、見えてきます。これもまた、教員研修の一つと言えます。

理想はハイブリッド型

堀田―― オンラインで研修する良さを挙げてきましたが、従来の対面型の集合研修を否定しているわけではありませんし、なくなるわけでもありません。

高橋―― 2020年11月に第46回全日本教育工学研究協議会（JAET）全国大会が鹿児島で開催されたのですが、新型コロナの影響もあって、「ハイブリッド」での実施となりました。公開授業は実施しましたが、教室で観覧できるのは鹿児島県近隣の学校関係者のみ。ただし教室にWebカメラを設置して、オンラインで生中継しました。また、基調講演やパネルディスカッション、研究発表、開会行事等は、すべてオンライン配信としました。会場には講演者も聴衆も入れず、講演者は鹿児島から遠く離れたご自分の職場や自宅等から、オンラインで生中継を行いました。

　僕も事務局としてこの大会に携わったのですが、大会後に参加者から寄せられたアンケートを分析すると、とても興味深い結果が出ました。

　研究発表に関しては「オンラインでいい」という意見が圧倒的だった一方で、公開授業に関しては意見が真っ二つに分かれました。「やはり授業を生で見たい」という声と、「オンラインなら移動の時間やコストがかから

JAET2020大会アンケート

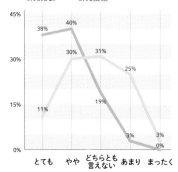

対面での実施と比べて、満足いただけましたか？
—— 研究発表　—— 研究授業

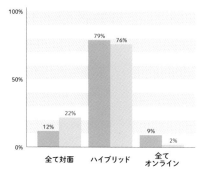

次回以降の開催形態について、希望をお聞かせください。
■ 研究発表　■ 研究授業

対面のみへのこだわりの減少

2020年11月の第46回全日本教育工学研究協議会（JAET）全国大会に参加した方々への事後アンケート結果。オンライン研究授業の満足度は二分されているが、講演や発表はオンラインを支持する声が圧倒的。そして次回も「ハイブリッド」を希望する人が大多数を占めた。
（東京学芸大学 高橋純准教授提供の図をもとに作成）

ないから助かる。たくさんの授業を見られていい」という声とに二分されたのです（上のグラフ）。

　しかし自由記述欄に書いていただいた意見を見ると、賛否がハッキリと分かれているわけではないことがわかりました。「授業を配信するカメラが固定されているので見づらかった。でもオンラインだからこそ授業を見られたのは確かです」というように、オンラインは百点満点ではないけども、良いところを実感したという意見が目立ったのです。

　このような「完全ではないが、メリットがある」という考え方が、GIGAスクールでは大切になってきます。すでにGIGAスクール環境を使い始めた先生方は、「課題はあるけど、良さもあるね」というスタンスで、活用を進めています。

そしてこのアンケートで最も注目すべき点は、「来年度以降はどういう開催形態がいいですか」との質問に対し、ほとんどの人が今回のようなハイブリッド形式を希望したことです。「自分の都合に合わせて、どちらでも選べるようにしてほしい」というのが、主体的に学ぶ人たちの要望なのです。こうした先生方が増えていけば、研修の仕方も今までと変わらざるをえないでしょう。どんな研修形式がベターなのか。研修の形を考えること自体が、立派な研修だとも言えます。

堀田── そういう意味では、今、教員研修は変革期を迎えていると言えるのかもしれませんね。

高橋── 僕は、GIGAスクールの最初の功績は「教員研修の変化」じゃないかと思っています。教員研修がまず変わり、その結果、授業が変わっていく。そして子供たちの資質・能力も変わっていく。すべての出発点は、教員研修なんですよね。

PDCAからOODAへ

高橋── 変革という点では、これまで慣れ親しんできたPDCAからの脱却も迫られていると思います。

　先生方はPDCAが大好きです。まずしっかり計画を立てて、それから実際に事を始めようとします。PDCAは平時や、毎回同じルーチンを繰り返すときは有効です。しかし今のような激変の時期は、予測がつかず、計画を立てるのが困難です。

　GIGAスクールも同じです。どう使うか、どんな教員研修をすべきか。実際にやってみないとわからないことだらけで、計画は立てられません。とはいえ、計画を立てられないからといって止まっている暇はありません。まずはトライしてみて、それから考えるしかない。従来のPDCAではなく、

OODA（Observe：観察する、Orient：状況を判断し方向づける、Decide：意思を決定、Act：行動する）が求められています。

堀田—— OODA は耳慣れない言葉かもしれませんが、昔から学校はOODA も行っているんです。たとえば生徒指導がその好例。生徒指導の案件は不意に発生しますから、計画は立てられないですよね。その場その場で状況判断しながら、立ち止まらず指導していくしかありません。

　同様のイメージで、教員研修を考えてみましょう。綿密な計画を立てようとせず、まずは始めてみる。そして実施しながら臨機応変に軌道修正していくのです。

4. 教員養成課程で何を教えるべきか
学生はICTに苦手意識を持っている

堀田—— 次に、教員養成課程の話をしたいと思います。高橋先生は中教審の教員養成部会の委員を務めていらっしゃいますが、これから教員になろうとする若い学生たちは、教員養成課程でどんなことを学べば、新しい時代の教員として必要な力を得られるのでしょうか。

高橋—— 実は先日、東京学芸大の学生たちにアンケートを取ったところ、興味深い結果が出ました。「パソコンが好きですか嫌いですか」という設問には、「どちらかといえば好き」という回答が一番多かったのですが、「パソコンが得意ですか不得意ですか」の問いになると、「苦手」が一番多かったのです。さらに「パソコンは役に立つか役に立たないか」との問いには、「役に立つ」との回答が最も多いという、いびつな結果になりました。

堀田—— つまり学生は、「ICT は役に立つと思ってるし、好きだけど、自分はうまく使えていない」と認識しているのですね。

高橋—— 私たち大人は、学生たち若い世代のことを「デジタルネイティブ

だから、みんなICTが得意だろう」と先入観を持ちがちですが、実は逆で、むしろ苦手なんです。少なくとも、仕事でICTが使えるレベルにはないと自覚しています。

堀田—— 教員養成課程に在籍する学生たちのICTスキルは高くないという事実は、よく知られているのでしょうか？

高橋—— あまり知られていませんね。むしろ先ほども言ったように、「デジタルネイティブなんだから、現役の教員よりもICTスキルは高いだろう」という誤解が根強く、「だからわざわざ大学でICTスキルを教える必要はない」と思われています。大学できちんと教えてもらえないから、苦手意識がますます強まるという悪循環に陥っています。

堀田—— つまり学生は、能力がないというよりも、経験が不足しているんですね。

高橋—— そうです。学んでないだけなのに、自分はダメだと苦手意識を持ってしまっています。とてもかわいそうな状態です。

基礎的なスキルを教え、ICTを使って教える経験を積ませる

高橋—— ICTを仕事や学習で使う能力が欠落したままの状態で教員になれば、現場に出てから苦しむことになります。こういう大学のカリキュラムをなんとか変えていかなきゃいけないと思います。

堀田—— 教員養成課程の学生には、どんなことを教えればいいのでしょうか？

高橋—— スキルをしっかり教えるべきですね。Google Workspace for Educationのさまざまなアプリを使って、学んだり教えたりするスキルを教えるべきです。

これは我々大人の責任ですが、これまであまりにもスキルを教えること

を軽視してきました。教員養成課程に在籍する学生たちの、「教師になりたい」という思いの強さは、僕もすごく感じています。その思いを支えるスキルを育んであげたい。特にこのICTに関してはスキルが欠けている学生が多いので、しっかりとスキルを習得させたいです。

堀田 —— 僕は学生のうちからGoogle Workspace for Education のGoogle ドキュメントや Google スプレッドシート、Google スライド 、Google ドライブなどを一通り学ぶべきだと思います。これらアプリの使い方を学ぶだけでなく、アプリを使って学ぶ経験も積むべきだと考えています。

高橋 —— そうですね。そのあたりのアプリの使い方を教えるとよいと思います。ただ、クラウドのアプリはどんどん新機能が追加されるので、応用が利く基礎的な使い方でいいのではないでしょうか。この辺のボタンを押すとこういうメニューが出てくるとか、操作のコツとか使い方の基本レベルでいいと思います。

　一般的なアプリの基本操作スキルを学んだ上で、僕のクラスではそれらのアプリを使って、学生たちに模擬授業をさせています。学生を教師役と子供役に分けて、Google Workspace for Education の Google Classroom を使って教える経験を積ませるのです。

　授業後の学生の感想がなかなかおもしろくて、「Google Classroom は、子供全員に伝達するツールとしてとてもいい。授業で使えば、先生はとても助かるはず」と、しきりに感心していました。

　この「全員に伝達するツールとして便利だ」という感覚を持つことがとても大事です。GIGAスクールのようなICTを使うときは、すぐ目に見える成果、たとえば学力向上とかを求めがちですが、まずは「これを使えば、こんな点が便利になる」レベルでいいと思うんです。先生が便利に使っていれば、後から成果はついてきます。

堀田——「先生はとても助かるはず」と、しっかり教師目線で考えているのが素晴らしいですね。さすが教員養成課程の学生です。

高橋—— ほかにも学生は、教師目線でおもしろい発見をしていました。「決まりきった知識を教えるには、教科書はとても役に立つとわかった」とか、「オープンエンドな課題解決型の授業で、ICTをどう使えばいいのだろうか。今度挑戦してみたい」とか。教員養成課程の学生は、「教える」ことがとても好きなんだな、教えたいから先生を目指しているんだなと、あらためて感心しました。だから、教える体験をどんどんさせるといい。教える体験の中で、ICTを使う経験も積ませるといいと思います。

堀田—— 教える立場でICTを使わせてみると、授業でICTを活用するイメージもわくし、課題も見つかるし、創意工夫もするようになっていきます。この経験は、教員になったときに必ず活きるでしょう。

ICTに関する教職科目が増える

高橋—— 今中教審では、教職科目でICT専用の科目を作ろうと議論しています（2021年1月時点）。総論の修得のところで、新たに「情報機器の活用に関する理論および方法」（仮称）を事項に追加し、1単位以上習得することを求める。また教養科目で、「数理・データサイエンス・AIに対応した科目」と「情報機器の操作」を選択可能とする。さらに教育実習で、ICTを活用した演習を行う。このように、入学から卒業までを通じて、ICTを学んでいく流れを検討しています。

堀田—— これだけGIGAスクールで学校の学習環境が一変するのですから、教員養成課程でICTに関することを、体系的にしっかり学ぶべきですよね。

教職課程におけるICT活用に関する内容の修得促進に向けた取組（案）

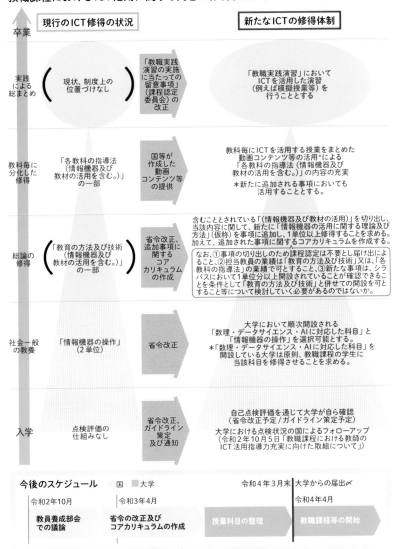

現行のICT修得の状況		新たなICTの修得体制

卒業

実践による総まとめ
現状、制度上の位置づけなし
「教職実践演習の実施に当たっての留意事項」（課程認定委員会）の改正
「教職実践演習」においてICTを活用した演習（例えば模擬授業等）を行うこととする

教科毎に分化した修得
「各教科の指導法（情報機器及び教材の活用を含む。）」の一部
国等が作成した動画コンテンツ等の提供
教科毎にICTを活用する授業をまとめた動画コンテンツ等の活用*による「各教科の指導法（情報機器及び教材の活用を含む。）」の内容の充実
＊新たに追加される事項においても活用することとする。

総論の修得
「教育の方法及び技術（情報機器及び教材の活用を含む。）」の一部
省令改正、追加事項に関するコアカリキュラムの作成
含むこととされている「（情報機器及び教材の活用）」を切り出し、当該内容に関して、新たに「情報機器の活用に関する理論及び方法」（仮称）を事項に追加し、1単位以上修得することを求める。加えて、追加された事項に関するコアカリキュラムを作成する。
なお、①事項の切り出しのため課程認定は不要と届け出によること、②担当教員の業績は「教育の方法及び技術」又は「各教科の指導法」の業績で可とすること、③新たな事項は、シラバスにおいて1単位分以上開設されていることが確認できることを条件として「教育の方法及び技術」と併せての開設を可とすること等について検討していく必要があるのではないか。

社会一般の教養
「情報機器の操作」（2単位）
省令改正
大学において順次開設される「数理・データサイエンス・AIに対応した科目」と「情報機器の操作」を選択可能とする。
＊「数理・データサイエンス・AIに対応した科目」を開設している大学は原則、教職課程の学生に当該科目を修得させることを求める。

入学
点検評価の仕組みなし
省令改正、ガイドライン策定及び通知
自己点検評価を通じて大学が自ら確認（省令改正予定／ガイドライン策定予定）
大学における点検状況の国によるフォローアップ（令和2年10月5日「教職課程における教師のICT活用指導力充実に向けた取組について」）

今後のスケジュール　国　■大学

令和4年3月末 大学からの届出〆

令和2年10月	令和3年4月		令和4年4月
教員養成部会での議論	省令の改正及びコアカリキュラムの作成	授業科目の整理	教職課程等の開始

（出典：中央教育審議会 初等中等教育分科会 教員養成部会〈第119回〉会議資料【参考資料1】「教職課程におけるICT活用に関する内容の修得促進について」）

5. 未来に向けて先生が学び続けるために
デジタルかアナログかの二者択一ではない

高橋── 最後に先生方にお願いしたいのは、「アナログかデジタルか。今までのやり方かGIGAスクールか。どちらがよいか」という二者択一の議論から脱してほしいということです。どちらにも良さがあるし、どちらか一つを選ばなければいけないわけではありませんし、両者を組み合わせることで新たな良さが生まれもします。GIGAスクールの環境が今までの授業に溶け込み、そして授業全体を変えていきます。

　一部分だけを切り取って、アナログとデジタルとで比較して、優劣を判断しないでください。公開授業のオンライン化にしても、「授業の様子を細かく観察できるか」という視点だけで判断すれば、実際に現地で参観した方がいいに決まっています。でも、オンライン化すれば、より多くの先生が気軽に授業を見られたり、クラウド上で見学者同士がディスカッションでき記録も残るなど、他の利点があるわけです。どうか広い視点でGIGAスクールを見てください。

堀田── GIGAスクールの環境を子供に使わせる前に、まず先生自身が慣れることから、校務や研修で便利に使うことから始めてみましょう。実際に使ってみながら、どんな研修の内容やスタイルがよいか、授業ではどう使えそうかを考えていけばよいのです。

　教員養成課程でも、教師を目指す学生がICTのスキルや理論、実践的な使い方を学ぶようになります。教育の情報化は、間違いなく今後も進展していきます。その教育の情報化に、GIGAスクールの環境と活用は必須です。どう使うかは、先生方や教育委員会の方々の創意工夫にかかっています。あれこれ迷ったり悩む前に、まずは使ってみてください。そうすれば必ず、進むべき道が見えてきます。

鼎談 | 山内祐平 × 池尻良平 × 山本良太

PART 4
コンフリクトを乗り越えるプロジェクト学習

東京大学大学院 情報学環
山内祐平 教授

東京大学大学院 情報学環
池尻良平 特任講師

東京大学大学院 情報学環
山本良太 特任助教

1.「コンフリクトを乗り越える」プロジェクト学習とは？
プロジェクト学習が求められる背景

山内——この章では、東京大学と関西学院千里国際高等部とで行った共同研究「コンフリクトを乗り越えるプロジェクト学習」についてお話しします。

　まず、なぜ「コンフリクトを乗り越えるプロジェクト学習」を行う必要があるのかについて説明しましょう。現在の情報活用能力は、90年代に定式化されたものです。そこからもう20年以上が経過し、時代は大きく変わりました。その変化に対応するために、情報活用能力も「次世代型情報活用能力」を考えていくべきときに来ています。

　では次世代型情報活用能力とは、どんな資質・能力なのか。PART 1でもお話ししましたが、次の三つのポイントが挙げられます。

<blockquote>

①「情報活用」の真正性を重視する

②「情報活用」の社会性を重視する

③「情報活用」の成果を重視する

</blockquote>

①の情報活用において「真正性」を重視するとは、要するに社会で起きている本物の情報を取り扱うことです。社会に出たとき、子供たちは社会にあふれる本物の情報を取り扱って仕事をすることが求められますから、学校でも同様に行う必要があります。

　二つめのポイントは、情報活用の「社会性」を重視する、です。社会では、さまざまな人たちと協働したりコラボレーションしながら情報活用していくのが当たり前です。学校でも、そうした社会性を発揮して他者と協働しながら情報を活用することがとても重要になってきます。

　3番目のポイントが、情報活用の「成果」を重視する、です。形式として情報を操作するだけではなく「成果」を出すことを心がけることによって、

プロジェクト学習はハイレベル！

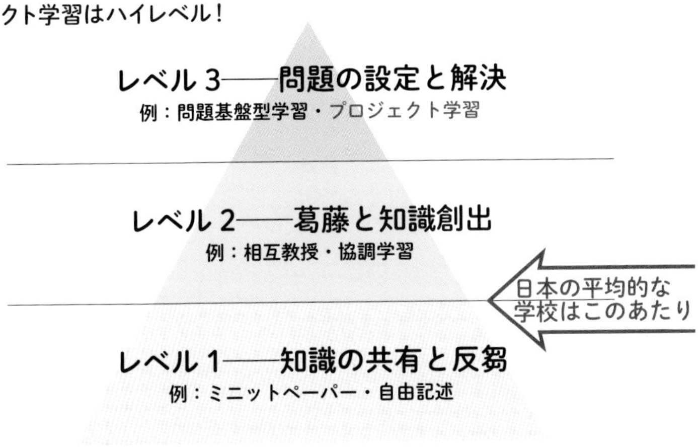

レベル3──問題の設定と解決
例：問題基盤型学習・プロジェクト学習

レベル2──葛藤と知識創出
例：相互教授・協調学習

日本の平均的な
学校はこのあたり

レベル1──知識の共有と反芻
例：ミニットペーパー・自由記述

アクティブラーニングの方法に関する3レベル
（出典：山内祐平「教育工学とアクティブラーニング」日本教育工学会誌 vol. 42(2019), No.3 pp.191-200.）

（図提供：東京大学大学院 情報学環 山内祐平）

情報活用の意義を理解することができます。

プロジェクト学習とは何か

山内── 以上の三つのポイントを重視していくと、PC教室で一人ひとりがウェブサイトを調べ、切り貼りしてレポートにまとめるような授業だけでは十分ではないことがわかります。だからプロジェクト学習を行う必要があるのです。

── プロジェクト学習とは、どのようなものですか？

山内── プロジェクト学習とは、学習者が自分で課題を発見して、自分でそれを解決していく、学習者主導型の学習です。

　プロジェクト学習は学習者に負荷がかかる、高度な学習です。プロジェクト学習のようなアクティブラーニングには、三つのレベルがある（上図）の

ですが、プロジェクト学習は最高難度に位置します。

　一番簡単なレベル1は、知識を共有したり反芻するレベルです。たとえば何を調べ、考えたかを書いてまとめ、発表し、みんなと共有する学習活動が該当します。レベル2は、「葛藤と知識創出」です。グループで協調学習を行ったり、お互いに教え合ったりすることを通して、新しい知識を作り出します。これまでの学習活動は、このレベル1や2が多かったと思います。

　学習者自身が問題を設定をして解決していくプロジェクト学習は、さらに上のレベル3です。レベル3は高度で、大学ではよく行われていますが、小・中・高等学校ではなかなか難しいのが実情です。

―― プロジェクト学習はなぜ難しいのでしょうか？

山内―― 一人ひとりが情報を調べ、集めた情報を持ち寄って合体させるだけで終わり、という失敗に陥りやすいのです。情報をただ集めて合わせるのではなく、集めた情報から新たな知識やアイデアを創造することが、プロジェクト学習では大切です。

　もう少し詳しく説明しましょう。他者と協働しながら、情報を集めて新たな知識を構成する過程を、5段階で表したのが右ページのモデルです。

　段階1は、まずさまざまな情報を集め、みんなで共有して比較をするところから始めます。これは先ほどのアクティブラーニングのレベル1や2でも行われていることですね。でもこれだけでは足りません。

　Aさんの意見とBさんの意見には、整合しない部分、矛盾する部分があると発見し、探究していく（段階2）。その不協和を乗り越えるために議論などを行った結果、お互いの意見を取り入れた知識が形づくられていく（段階3）。その統合されたアイデアを、試し、修正していく（段階4）。そして最後に合意文書が形成される（段階5）。

　この段階1から5まで揃えば、プロジェクト学習として深い学びが実現

社会的な知識構成を含むインタラクションの分析モデル

（Gunawardena et al, 1997 をもとに編著者が簡略版を作成）

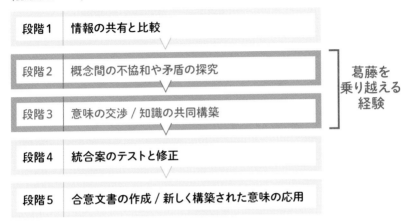

段階1	情報の共有と比較
段階2	概念間の不協和や矛盾の探究
段階3	意味の交渉／知識の共同構築

葛藤を乗り越える経験

| 段階4 | 統合案のテストと修正 |
| 段階5 | 合意文書の作成／新しく構築された意味の応用 |

（出典：Gunawardena, C., Lowe, C., & Anderson, T. (1997) Analysis of global online debate and the development of an interaction analysis model for examining social construction of knowledge in computer conferencing. Journal of Educational Computing Research, 17(4), 397–431.)

できていると言えるでしょう。そしてこの段階2から3が、今回の章のタイトルにもなっている、「コンフリクトを乗り越える」過程になります。

しかしこの「コンフリクトを乗り越える」のが、簡単ではありません。対立が激化してお互いの意見を統合できなかったり、そもそも対立が発生しないこともあるからです。

どのようなカリキュラムや学習活動を設定すれば、「コンフリクトを乗り越える」経験を子供たちにさせることができるか。その際に、1人1台やクラウドといったGIGAスクールの環境をどう活用すればよいか。それを明らかにすべく、今回私たちと関西学院千里国際高等部で共同研究を行いました。

2. どのような授業を行ったか
関西学院千里国際高等部における実践内容と授業の流れ

山本── 今回ご協力いただいた関西学院千里国際中等部・高等部は、大阪府にある私立校です。高等部では、BYODという形で以前から1人1台環境を取り入れ、普段の授業で活用しています。

　今回の実践で私たちは、米田謙三先生と一緒に授業を作っていきました。教員歴28年のベテランの先生で、社会科と総合探究を担当しています。

関西学院千里国際高等部
米田謙三先生

池尻── この米田先生が受け持つ高校3年生の社会科の授業で、「コンフリクトを乗り越えるプロジェクト学習」を行いました。もし南海トラフ大震災が起きた場合、避難所での生活を強いられる人々の生活環境を改善する支援策を考えましょうという、プロジェクト学習です。

　まず「調べ学習」（全6回）を行い、過去の大震災や支援について学習。その後に「アイデア作り」（全5回）で、避難所の生活環境を改善するための支援アイデアを考えるというのが、大まかな授業の流れです。

── 最初に調べ学習を行うねらいは？

池尻── 調べ学習では、過去にあった地震と支援の内容や、南海トラフ大震災が起きたらどんな被害が起きるのか、過去の避難所ではどんな問題が起こったのかなどを多面的に調べました。

　ここには、後にコンフリクトを生じさせるための仕掛けがあります。被災地支援にはどんな方法があるのか、特に「被災地の中」から行う支援と、「被

災地の外」から行う支援について、それぞれのメリット・デメリットを知っておくのです。たとえばボランティアで被災地に入ったら、被災者の邪魔になってしまったとか、被災地外から募金で支援しようとしても、現地になかなかお金が届かなかったりとか。こういったことを調べていきながら、「もし自分が支援するなら、この立場がいい」という思いを確立し、後のコンフリクトを生む二つの立場の基礎を作るのです。同時に、後に支援のアイデアを作っていく際にヒントになる知識も学んでおきます。

——「アイデア作り」はどのように進めたのですか？

池尻——１限目に、プロジェクト学習のテーマを紹介します。その文面が重要なので、引用します。

> あなたは地震の被災地復興のために活動する、京都にある５人で構成された年間予算1000万円の非営利活動団体 (NPO) に所属しています。
>
> 南海トラフ大震災が発生したと想定し、地震発生から３か月間で、避難所生活者の生活環境を改善する具体的な支援内容を提案してください。アイデアには、活動、インターネットサービスなどを含みます。

そして「被災地に行くべきか否か」という、ジレンマとなる二つの立場があると説明し、どちらの立場に立つか決めさせました。生徒たちはちょうど半分ずつに分かれました。

その後、「なぜ私はこちらの立場を選んだのか」「この立場で大事にしたいことは何か」について考え、一人ひとりが端末を用いて Google スプレッドシートにまとめていきました。

—— どんな意見が出てきたのですか？

池尻——「被災地の中」で支援することを選んだ生徒は、「実際にコミュ

（写真提供：東京大学大学院 情報学環 池尻良平）

ニケーションをとって人と触れ合う方が、心のケアにより適切だと思う」「電波が届かない等、遠隔支援では問題が発生して支援できないことがある」等の意見が出ました。一方、被災地外からの支援を選んだ生徒は、「被災地の外から状況を把握することで、どのような支援がどの程度必要なのかを的確に判断し、援助できるから」等の意見が出ました。

　そして2限目は、同じ立場の生徒を3人で1グループにして、その立場に沿ったアイデアを作ってもらいました。

──　どんなアイデアが出てきましたか？

池尻──　「被災地の中」から支援するグループでは、「地元の人同士だけでなくボランティアの人たちとも話して、外の情報などを得る機会を作る」「被災者同士の仲を深めるイベントを企画する」等のアイデアが出ました。

　「被災地の外」から支援するグループからは、「避難所に公共Wi-Fiスポットを設置し、被災者がインターネット経由で外部から情報を得たり、職員

本単元のスケジュール（アイデア作り編）

第1回 (1/20)	2つの立場の理解を深める
第2回 (1/22)	2つの立場に沿ったアイデアを作る
第3回 (1/23)	立場間のアイデアの違いの共有と、根っこにあるこだわりの再確認
第4回 (1/27)	各立場で大切にしたいこと（こだわり）を両立させる支援のアイデア作り
第5回 (1/29)	発表

（図提供：東京大学大学院 情報学環 池尻良平）

等が被災者の名前や年齢、健康状況の確認、家族の安否確認で利用できるようにする」等のアイデアが生まれました。

　そして3限目に、いよいよコンフリクトを生じさせました。異なる立場の生徒3人ずつを同じグループに組み合わせて6人のグループを作り、お互いのアイデアを披露して、議論を開始しました。すると、「被災地の中にいても効率が悪い。被災地の外から物資を支援する方がいい」「それでは被災した人たちの心情がわからない」等、お互いの立場が対立し、議論は白熱していきました。

―― ほかにはどんなコンフリクトが発生したのですか？

池尻―― たとえば「被災地の中」から支援するグループが出した「心のケアの観点から、被災者同士の交流イベントを企画する」というアイデアに対し、「被災地の外」から支援するグループは、「イベントに全員が参加できるとは限らない。それよりもまずは物資の確保や被災者の健康状態の確

異なる立場同士を同じグループにしたことで、議論が白熱。
（写真提供：東京大学大学院 情報学環 池尻良平）

認が先決」と批判しました。

　一方、「被災地の外」から支援するグループが出した、「公共Wi-Fiスポットを設置し、被災者が外部から情報を入手したり、健康状態のアンケート調査や、安否確認に役立てる」というアイデアに対し、「被災地の中」から支援するグループは、「スマホを持ってない人や、年配の方が使えない恐れがある」と批判しました。

池尻── その批判を踏まえて、4限目では、「それでも自分たちはここを大切にしたい」という思いを際立たせつつ、お互いが大切にしたいことを両立できる支援のアイデアを考えました。

　たとえば「被災地の中」から支援するグループは、「やはり現地に入って、被災者の心のケアをすることは譲れない」という強固な思いを確認し、「被災地の外」から支援するグループは、「公共Wi-Fiスポットを整備すれば、より多くの人を安心させることができる」という信念を再確認していました。

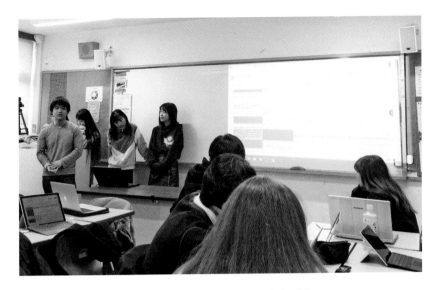

お互いの良いところを取り入れたアイデアを創り出し、発表する生徒。
（写真提供：東京大学大学院 情報学環 池尻良平）

　これらを踏まえて、最終的には「インターネット経由で被災者の健康状態や具体的に求められている援助を把握し、現地に行ってケアをする」といったアイデアや、「現地に入ったボランティアからインターネット経由でどんな支援が必要かの情報を提供してもらえば、適切な支援を素早く行うことができる」というアイデアが生まれました。

　「被災地の中」からの支援と「被災地の外」からの支援、それぞれの良さをバランス良く取り入れて、新しいアイデアが創造されたのです。

　そして5限目に、議論の過程が記録されたGoogleスプレッドシートを見せながら、自分たちのグループのアイデアを発表しました。最終的に3グループがそれぞれ3アイデアずつを出したので、合計9アイデアが出ました。

実践の結果と評価

――　コンフリクトを乗り越えるプロジェクト学習は、うまくいったのでしょう

事前・事後のデータ 赤字は被災地内のアイデア　紫字は被災地内外を統合したアイデア

	被　災　地　支　援　の　ア　イ　デ　ア	
	事前	事後
被災地内の立場	・モバイルバッテリーを無償で支給 ・ご老人などにも優しい食事、バリアフリーな仮設住宅 ・赤ちゃんがいる家族は同じ場所に集めてあげる（お母さんの、赤ちゃんがいない人へのストレスが減る） ・文房具 ・テント	まずインターネットサービスを広い範囲で提供する。その際現地に行ってインターネットのつなぎ方やフォームが送られてきたときに対応ができない人たちへのサポートをするためにボランティアとしていく。さらにそのほかとして人と直接話す形でのコミュニケーションを図る。フォームを送ったときに健康状態なども確認してボランティアの人たちがその人たちにどのようなケアができるか確認できるようにする。
被災地外の立場	・水や食料を確保する ・正確な情報を知れるように、テレビなどを設置する ・高齢者の持病などをみられるお医者さんを各避難所に配置する	せっかくボランティアに行ったのに逆に現地の被災者に負担をかけてしまう場合もあるので、すでに現地に行っているボランティアの人たちからどれくらいの人数をどの地域に、どのような特徴を持つ人たちが必要なのかなどの情報を外部に提供し、そこから的確に適切な人数のボランティアを現地に送ることで、効率的に被災者を手伝うことができると考える。 また、現地や内部だけじゃわからない被災状況や情報なども、インターネットを整えた上で外部から提供することも大きなポイントになると考える。

（データ提供：東京大学大学院 情報学環 池尻良平）

か？　また、どのように評価したのですか？

池尻—— 冒頭で山内先生が紹介した五つの段階に基づき、概念間の不協和や矛盾の探究を行う段階2、その不協和を乗り越えて意味の交渉や知識の共同構築を行う段階3を満たしているかを、生徒たちが書いた Google スプレッドシートを見ながら、私と山本先生とで毎時間チェックしました。

　その結果、9個のアイデアすべてが、最終的にコンフリクトを乗り越えてお互いの意見を統合できていました。生徒たちはお互いに悩みながら批判をし、自分たちが大事にしたいことは維持しつつも、相手のいい意見を認めて取り入れて統合し、新たなアイデアを創造できたのです。

　その成果をより詳しく明らかにするため、このプロジェクト学習が始まる

前と後で、被災地支援に関するアイデアがどう変化したか、生徒全員にGoogle フォームで回答してもらいました。

左側が、調べ学習を行った段階で考えたアイデア。右側が授業終了後に考え出されたアイデアです。パッと見てわかるとおり、字数が飛躍的に増えています。調べ学習時点では平均30字ぐらいですが、授業後には平均140字ぐらいと、5倍近くになっています。

また事後のアイデアを見ると、しっかりコンフリクトを乗り越え、お互いのアイデアを統合していることがわかります。赤色は「被災地の中」からの支援、青色が「被災地の外」からの支援、紫の文字がその両方を統合したアイデアです。事前では自分の立場からのアイデアばかり書いていた生徒が、事後では異なる立場のアイデアも取り込むことができています。異なる意見を単純に合体させるのではなく、相手の批判をきちんと咀嚼して、自分のアイデアに取り込んでいます。

この生徒だけでなく、全員のアイデアが深まっています。今回のようなプロジェクト学習を行うときに大事なのが、議論を傍観しているだけで自分では考えていない「フリーライダー」を発生させないことです。事前事後の結果を見ると、全員が議論に参加し、全員が考えを深めて、自分なりのアイデアを創り出したことがわかります。こうやってコンフリクトを乗り越えていけば、自分だけで考えるよりもいいアイデアになるのだと、一人ひとりが体験できたと思います。

3. この実践でICTが果たした役割と効果
先生のモニタリングとフィードバックで Google スプレッドシートが活躍

── この実践で、1人1台やクラウドといったGIGAスクールの環境は、どんな役割を果たしたのでしょうか？

授業中の記述データ

生徒たちはこの Google スプレッドシート上に意見やアイデアを記入。それを先生が見て、色をつけることでフィードバックする（データ提供：東京大学大学院 情報学環 池尻良平）

山本—— このようなプロジェクト学習では、ファシリテーターとしての先生の役割が重要です。生徒たちが自分の立場を確立できているか。自分の立場から、相手を批判できているか。建設的な議論になっているか。お互いの意見を統合できているか。このような観点から生徒の活動をモニタリングして、フィードバックを与え、導いてあげる必要があります。

　また、プロジェクト学習は正解がありませんので、生徒たちは今自分たちが行っていることは正しいのか、どのアイデアを突き詰めていけばいいのか迷いやすい傾向があります。そのため、先生がガイド役を務めてあげる必要があります。「この意見や批判はいいね。もっと突き詰めていけばいい」と、道筋を示してあげるのです。

　このように先生は常に生徒の状態を把握し、適切にフィードバックする必要がありますが、そこで用いたのが、Google Workspace for Education

の Google スプレッドシートです。生徒たちは、Google スプレッドシート上に意見や反論を書き込んでいきます。先生はそれを見て議論の内容や推移をモニタリングし、色をつけて即座にフィードバックしました（左図）。

　例えば「これはいいアイデアだな」「これはいい批判だな」と先生が思った箇所には、青色をつけます。課題とずれた意見には黄色、発展する可能性がある意見には紫色をつけるなど、どんな意見に何色をつけるかのルールは事前に伝えてあります。生徒たちは先生の色づけを見て、議論やアイデアの方向性を修正したり、深めていきます。もちろん Google スプレッドシートの色づけだけでなく、机間巡視を行って声かけによる支援も行いました。

　こうしたリアルタイムのモニタリングとフィードバックは、クラウドや１人１台環境によって支えられました。

── １人１台とクラウドならではの方法ですね。その効果は、どうでしたか？

山本── Google スプレッドシートを用いたモニタリングとフィードバックの効果について、授業後に生徒にインタビューを行ったところ、とても好評でした。特に単元の前半部分で効果的だったとの感想が多く寄せられました。

　具体的には、２限目に生徒たちは１回目のアイデアづくりを行いましたが、さまざまなアイデアが出てきた中でどのアイデアを突き詰めていくべきか、生徒は悩みました。その際に、先生の色づけを参考にして、このアイデアなら発展しそうだとか、このアイデアなら自分の立場で大事にしたいことを実現させられるんじゃないかと、先生の色づけが活動を進めるヒントや道しるべになったのです。

　意見が対立したときに、先生のフィードバックが助けになったとの声も多かったです。たとえば相手に批判されたとき、イラッときたり感情的になったりすることもありました。そんなとき、先生がその批判に青色をつけて「良い批判だね」と評価したことで、「なるほど、この批判は傾聴に値するってこ

とか」と冷静になれたのです。つまりコンフリクトを乗り越え、さらにアイデアを深め発展させていく際に、先生のフィードバックが役立っていたのです。

　一方で、最終的に統合されたアイデアを作る段階になると、先生のフィードバックはもうあまり参考にしなかったと答える生徒もいました。自分たちの目指すべき方向がハッキリしたので、先生のフィードバックに頼らずともよくなったのです。もちろん最終アイデアを作る段階でも、先生のフィードバックを参考にしていた生徒たちもいました。先生がいいねと色づけしたキーワードを拾い上げて、最終アイデアに盛り込んだケースもありました。

―― 先生がモニタリングとフィードバックを行うと聞くと、「結局先生が誘導しているだけでは?」と思う方もいるかもしれません。でも最初は議論の方向性を先生が導いていくけども、議論が深まっていくと、先生の手を離れて自分たちでを深めていけるようになるのですね。

山本―― 最初は生徒たちもどのアイデアを掘り下げていけばいいのか迷いますし、批判の応酬で熱くなることもあります。でも先生のモニタリングとフィードバックによって、自分たちが大切にしたいことを確認し、相手の批判も冷静に受け止められるようになります。そして次第に自力で進められるようになり、自分たちなりのアイデアを創造できるようになっていきます。

池尻―― この授業は Google スプレッドシートがなければ成立しなかったと言っても過言ではありません。このようなプロジェクト学習では、グループによって議論の内容も対立の内容も異なりますので、いかに先生が効率的かつ効果的にフィードバックをするかがポイントになります。机間巡視でも生徒の活動をモニタリングできますが、時間がかかりますし、一人ひとりの様子を正確に把握して、全員にフィードバックするのは困難です。

山本―― その点、Google スプレッドシートを使えば、先生が常に生徒の学習状況や思考の内容、プロセスをモニタリングできます。思考の内容

が文章で可視化されているので一目で把握できますし、それに対して先生もすぐにフィードバックができます。これまでもオンラインで共有したり議論したりするICTはありましたが、議論するのはチャット、意見をまとめるのはプレゼンテーションソフトという形で、さまざまなツールを併用する手間がかかりました。Google スプレッドシートならば、議論を展開したり整理したり、先生がモニタリングしてフィードバックしたりするのを、一つのツール、一つの画面上で完結できます。

―― 逆にクラウドを使わず、紙ベースでこの授業を実施したら、どんな問題が起きますか？

山本―― クラウドがないと、各グループの状況を正確に即座にモニタリングしてフィードバックするのが困難になります。その結果、生徒たちの個性や独創性を拾って伸ばすことができず、先生が描いたゴールを押しつけてしまいかねません。結果、どのグループも似たようなアイデアになってしまうのではないでしょうか。

山内―― これはとても重要なポイントです。わかりやすく言うと、先生がきつく制御をかけすぎてしまうと、プロジェクト学習で一番大事な「学習者主導」が損なわれてしまうのです。逆に先生が制御をまったくかけないと、生徒たちの議論や活動が迷走してしまいます。

　クラウドがあれば、そこをきちんと両立させることができて、学習者主導でありながら、先生がきちんときめ細かくサポートできるのです。

池尻―― ほかにも、Google スプレッドシートを使う良さや効果が確認されています。Google スプレッドシートを使えば、生徒間の横のつながりも強化されます。他のグループが何をやっているか、横目で見たり、聞き耳を立てるだけでは、よくわかりません。でも Google スプレッドシートなら、議論の内容が文章で可視化されているので、パッと見ればわかるのです。

授業後のアンケートでも約半分の生徒が、「自分たちの議論が行き詰まったときに、他のグループが何をやっているかを見て参考にできた」と答えています。プロジェクト学習は個人またはグループによって議論の内容が異なるので、「これで合っているんだろうか?」と生徒も不安になりがちです。Google スプレッドシートを見れば他のグループの様子を知ることができるので、「これで正しいのか?」という不安は解消され、「これでいいんだ!」と自信を持って進められます。

―― 他のグループの様子を詳しく知ることができることで、まねをしたり、似通ったアイデアになってしまったりしないのでしょうか?

池尻―― むしろ逆で、他のグループのアイデアがわかるからこそ、それとは違うアイデアを生み出そうと頑張ります。自分たちなりの個性や独創性を創造しようと頑張れるのです。

　また、Google スプレッドシートを使うと、前時の内容を振り返りやすく、すぐに今日の活動に移れるメリットがあります。プロジェクト学習は長丁場になるので、「前回は何をしたんだっけ?」と忘れがちです。でも Google スプレッドシートに前回までの学びや議論が文章で蓄積されているので、すぐに思い出せ、振り返りを効率化できます。

　また、これはクラウドというより1人1台端末のメリットですが、議論していく中で、知りたいことが出てきたらすぐに自分の端末ですぐ調べられる良さを実感しました。その情報をすぐグループ内で共有することで、議論が具体的になり、アイデアに幅や深みが出ました。

GIGAスクールの環境は次世代型情報活用能力の育成にも効果あり

―― 1人1台やクラウドといったGIGAスクールの環境は、次世代型情報活用能力の育成にも効果がありますか? 端末を使って社会に流通してい

る情報を集めて活用し、被災地支援という現実社会の課題を解決するアイデアを創造するという点では、「情報活用の真正性を重視する」に効果があると感じました。

山内——池尻先生が話された「クラウドによって先生がモニタリングとフィードバックがしやすくなり、生徒間の横のつながりが強化される」という点では、次世代型情報活用能力の三つのポイントの「情報活用の社会性を重視する」に効果があると言えます。

池尻——横のつながりだけでなく自分自身の過去の学びともつながりやすくなります。生徒たちはこれまで他の授業で学んできた内容や自分の成果物などをクラウド上に保存しています。自分のこれまで学んできた内容を振り返って参考にする姿が、今回のプロジェクト学習でもよく見られました。

　過去に学んだことを新たな学びで活用してほしいと、どの先生も望んでいると思いますが、クラウドなら過去の学びの履歴や成果が残っていてすぐ参照できるので、これまでの学びを活用しやすくなります。

山内——1人1台とクラウドを用いることで、「情報活用の真正性」をより重視できるようになり、先生や生徒同士のつながりが強化され、「情報活用の社会性」も強まり、その結果、「情報活用で成果」を出しやすくなったと言うことができると思います。

4. プロジェクト学習を実践するためには
クラウドなどのICTを使う際のコツや注意点

——このようなプロジェクト学習を行うコツやポイントについて教えてください。まず、1人1台やクラウドといったICTを、どのように使えばよいのでしょうか。

池尻——クラウドを使う場面と、従来通り対面で行う場面とを、整理して

分けた方がいいと思います。大事なのは「こういうことをしたい」という目的がまずありきで、そのとき一番効果がありそうなツールや指導は何かと考えて、使い分けることです。

　たとえばすべての生徒の状況をモニタリングしたりフィードバックをするときは、Google スプレッドシートを使う。でも中でも特に気になった生徒に対しては、Google スプレッドシートの色づけでフィードバックを行うだけでなく、対面で直接声かけや指導を行う。クラス全体に周知徹底したいときは、黒板に板書して注目させる。デジタルとアナログ、それぞれの良さを意識しながら使い分けましょう。

山本——クラウドはかなり柔軟なツールで、工夫次第でさまざまな使い方ができます。今回の実践では Google スプレッドシートをモニタリングとフィードバックのツールとして使いましたが、本来 Google スプレッドシートは表計算アプリです。目的に合わせて、新たな使い方を見出したのです。どんな実践をしたいのかがまずありきで、その目的に応じて、ツールの使い方も柔軟に考えるとよいでしょう。

　しかし一朝一夕には、「こういう使い方をするとよさそうだ」というアイデアはわいてきませんし、「この目的にはこの使い方がいい」とも定まってきません。だからまずは試行錯誤してみましょう。今回米田先生も、かなり試行錯誤をしました。色づけによるフィードバックも、どんなフィードバックを何色で示せばわかりやすいか、検討に検討を重ねました。

　まずは先生自身がさまざまなクラウドのツールを使ってみて、「このツールをどう使えば、目指す授業に役立つか」という視点で考え続けることが大事だと思います。

山内——私が重要だと思うのは、関西学院千里国際高等部は、以前からBYOD方式を採用し、生徒たちはみな1人1台の端末を学習の道具として

使いこなせていた点です。自分専用の文房具として使いこなせるようになっていたからこそ、今回のプロジェクト学習のようなクリエイティブな使い方をしてみようとなったとき、すぐに対応できました。逆に言えば、そういう土壌が育っていないと、いきなりプロジェクト学習のような高度な学びに使うのは難しいと思います。

授業づくりや指導のポイント

—— プロジェクト学習でICTを活用する際のポイントはよくわかりました。ICT活用以外の授業づくりのポイントは？

山本—— 一番のポイントは、プロジェクト学習のテーマ設定です。今回このテーマを設定するまでに、私と池尻先生と米田先生とで、1、2か月検討を繰り返しました。

池尻—— 世の中にあるコンフリクトを探していくのが近道です。たとえばエネルギー問題であったり、開発と自然破壊の問題だったり。次世代型情報活用能力のポイントである「情報活用の真正性を重視する」ためにも、普段からアンテナを張って、世の中にあるコンフリクトを探していくのがいいと思います。

山本——「子供にとって身近であり、自分の問題として考えられる」テーマを選ぶのが重要です。子供たちから遠くて他人事になってしまうテーマだと、プロジェクト学習は成立しません。

池尻—— 我々も最初は、アフリカでの開発や国際協力関連のテーマを検討していたのですが、これでは生徒にとって身近ではないため、全然のってこないだろうと判断し、震災における被災者支援へと方針転換しました。どんなテーマなら学習意欲が高くなるか、生徒目線で考えるといいでしょう。

山本—— 生徒たちが「関心はあるけど、詳しくは知らない」ことをねらうと

いいと思います。例えば国際理解に関心があるなら、生徒たちがまだ知らない国際社会の対立を取り上げてあげると、生徒たちはのめり込むと思います。目の前にいる生徒をよく見て、何に関心があるか、関心があるけど知らないことは何か、と考えるとよいでしょう。

山内── 大事なのは、先生自身が普段からテーマを探すこと。日頃からニュースをチェックして、プロジェクト学習のネタになりそうなものを自分の専門性と結びつけて考えてみてはどうでしょうか。問題を自分で発見して解決する能力を子供に求める前に、まずは先生自身も問題を発見してみることが大事です。

池尻── プロジェクト学習では、グループ構成も重要です。相反する立場同士を組み合わせてグループを作るわけですが、「どのグループとどのグループを同じグループにすれば、意見が対立して議論が活発化するか」を検討し、「化学反応」がうまく起きそうなグループ構成を考えました。「誰が議論の司会進行役になるか」など、一人ひとりの個性と、誰がどんな役割を担いそうかも予想して、グループ構成に反映しました。グループ構成がうまくいけば、先生が細かく介入しなくても、うまく議論が進んでいきます。

　授業の入り口であるテーマ設定だけでなく、授業の出口である成果物の設定も大事です。プロジェクト学習は長丁場ですので、最終的に何をするのかを見失って、迷子になってしまいがちです。ですので「最終的にはこういうアイデアを成果物として作ってください」と、しっかりゴールを示すことが大切です。

　最終的なゴールだけでなく、「本時の活動のゴール」も示してあげるといいでしょう。「今日は自分の立場からアイデアを練りましょう」「次の時間は異なる立場同士で意見を交わしましょう」というように、本時の目的やこの先の見通しを持たせてあげるのです。

―― 単元計画で考えたとき、どこの学習活動に多く時間を割き、充実させればよいですか?

池尻―― 最初の「自分の立場を深める」「自分のこだわりを持つ」ところが重要です。ここが弱いとコンフリクトが発生しませんし、知恵をしぼってアイデアを創り出すのも難しくなります。自分のこだわりを深める時間を、しっかり取ってあげることが大切です。

山内―― プロジェクト学習は、大学の研究活動とよく似ています。研究活動では、「問題を発見できたら、研究は半分終わったも同然」とよく言われます。プロジェクト学習でも同様に、自分なりのこだわりを持って問題を発見するところがとても大事なのです。ここで学習者にしっかり火がついて、「この問題を探究していくぞ」となれば、子供たちは自分で学習を進めていくので、先生は安心して支援役に回れます。

この「学習者主導」こそ、プロジェクト学習の大前提です。米田先生も、学習者に任せるという態度が明確に表れていて、子供たちもそれをちゃんと理解し、「自分たちで学習を進めるんだ」と頑張っていました。「子供を信頼して、任せる」ことを忘れないでほしいと思います。

山本―― 私が米田先生を見ていて感じたのは、先生が一番楽しんでいるんですよ。授業が終わるたびに、「今日の授業おもしろかったですね!」と顔をほころばせていました。こういった先生の姿勢が生徒にも伝播して、学習意欲が高まり、議論が発展し、新たなアイデアの創造につながっていったと感じました。

山内―― とても大事なことですね。先生が楽しめていれば、それが子供に伝わって、子供も本気で楽しむようになります。「プロジェクト学習をやらなければ」とか「1人1台やクラウドを使わなきゃ」と、先生が不承不承取り組んでいては、子供も楽しめません。先生自身が楽しむことが大事です。

── 今回は高校での実践でしたが、小中学校でもできるでしょうか？

池尻── 社会科や総合的な学習の時間、道徳科などと相性がいいと思います。しかしコンフリクトが起きやすいテーマは、議論が白熱しすぎる恐れもあるので、学年や発達段階に合わせて調整する必要があると思います。

山内── やり方次第だと思います。今回の実践はコンフリクトを強く起こす設定にしていますので、そのまま小中学校で行おうとすると、議論がまとまらなかったり、統合的なアイデアが生まれない恐れもあります。一方で、小中学校のプロジェクト学習やグループワークに、対立する視点から多角的に考え、妥協点を探っていくなどの活動を取り入れることはできるでしょう。

5. 先生方へのメッセージ
GIGAスクールは新たな教育を創造する大きなチャンス

── 最後に、現場の先生に向けてメッセージをお願いします。

山本── クラウドは、教室の外ともつながれるツールです。プロジェクト学習はテーマ設定や運営など難しい点も多いため、1人の先生で進めるのは大変です。ですのでクラウドを用いて、教室外や学校外の人々に協力を求めるとよいでしょう。

たとえばプロジェクト学習のテーマ設定について他の先生に相談したり、授業を進めていくときにモニタリングとフィードバックを他の先生に手伝ってもらったりしてもいいでしょう。社会に開かれた教育課程という観点では、学校外の研究者や、これから教員になろうとする学生、地域の方々や専門家の方々など、さまざまな人たちとクラウドを通じてつながりながら、プロジェクト学習を実施していくことをおすすめします。

池尻── プロジェクト学習は学習者主導が基本ですが、すべてを生徒に任せると失敗する危険があります。先生がコントロールする部分と、生徒

に任せる部分のバランスを意識しながら進めるとよいでしょう。Google スプレッドシートでフィードバックするルールを決めておいたり、グループ構成を先生が決めたりして、7割ぐらいは先生が予測してコントロールする。そして残りの3割は生徒に任せるのです。

そういうイメージでやっていただくと、先生も気持ち的に楽ですし、生徒も自分の個性を出せて盛り上がり、楽しい授業になると思います。

山内── 私からは2点お伝えしたいことがあります。

まず第一に、今回紹介した実践は挑戦的な取り組みでしたので、同じ実践をする前にいろいろ試行錯誤してほしいと思います。ICT活用で大事なのは、小さくて確実な成功を積み重ねていくことです。最初からいきなり難しいことに挑戦するのではなく、試行錯誤しながら実践を少しずつ積み重ね、スモールステップで高度化していけばいいのです。自分の実践がどんどん高度化していくのは楽しいですし、自分の成長を実感できます。

第二に、GIGAスクールをピンチではなくチャンスととらえてほしいと思います。GIGAスクールで1人1台やクラウドが入ってきて学習環境が激変することは、先生にとっては恐ろしいことでしょう。すべての子供が強力な道具であるICTを持つと、教師のコントロールが利かなくなるのではないかと危惧するのは、自然なことです。しかしGIGAスクールは、子供を信頼して学習を任せ、教師は統制ではなく支援という形で子供たちとつながるという、新たな教育の形に移行していく大きなチャンスです。教師として成長する絶好の機会だと前向きにとらえ、学習者を信頼しながら、統制ではなく支援する形の授業に取り組んでいただくことを期待しています。

追 記

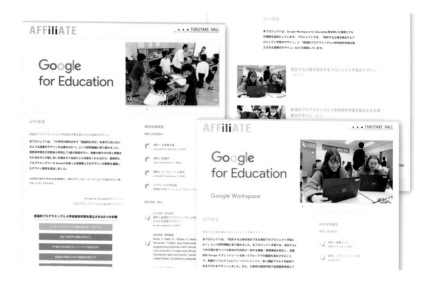

　今回行った「コンフリクトを乗り越えるプロジェクト学習」についてのレポートが、下記東京大学のサイトにも掲載されています（上がサイト画像）。また次章の「創造的プログラミングと教科学習の両立」についても、紹介しています。ぜひご覧ください。

https://fukutake.iii.u-tokyo.ac.jp/affiliate/google/

　また、本章は以下の論文の内容に基づいております。効果検証などの詳細も載せていますので、ぜひご覧ください。

Ikejiri, R., Yamamoto, Y., Nakano, S., Yoneda, K. and Yamauchi, Y. (2021) Designing Project-based Learning to Promote the Social Construction of Knowledge by Overcoming Dissonance Using G Suite. Information and Technology in Education and Learning (in press).

鼎談 | 山内祐平 × 村井裕実子 × 池尻良平

PART 5
創造的 プログラミングと 教科学習の両立

東京大学大学院 情報学環
山内祐平 教授

サイモンフレイザー大学
（前・MIT メディアラボ）
村井裕実子 助教授

東京大学大学院 情報学環
池尻良平 特任講師

1. 小学校で行われるプログラミング教育の課題
次世代型情報活用能力とプログラミング教育

山内――PART 1でもお話ししましたが、激変する時代に合わせ、情報活用能力も変わらなければなりません。それが次世代型情報活用能力です。

　プログラミングを取り巻く状況も、この30年で大きく変わりました。かつて、プログラミングはごく限られた専門家が行うものでした。90年代に定式化された情報活用能力には、プログラミングは入っていません。しかし現在、プログラミングは新しい仕事を作り出したり業務を改善したりする際に、何らかの形で触れたり、活用したりする存在になりました。プログラミングが「民主化」したと言っていいでしょう。ですので、次世代型情報活用能力の中にプログラミングが入ってくるのは必然なのです。

　そういった社会の変化を反映して、すでにプログラミング教育の必修化と充実が進んでいます。2020年度から小学校でプログラミング教育の必修化が始まりました。2021年度からは、中学校の技術・家庭科の技術分野でプログラミング教育が拡充されます。そして2022年度からは、高等学校の情報科が再編されます。今まで必修科目の情報Ⅰにはプログラミング教育が入っていませんでしたが、新学習指導要領ではすべての高校生がプログラミングを学ぶようになります。小学校中学校高等学校において、プログラミング教育が全面的に展開されるようになるのです。

　プログラミング教育では、プログラミング的思考を育むことが目標とされています。プログラミング的思考とは何なのでしょうか。令和2年2月に改訂された「小学校プログラミング教育の手引（第三版）」から引用すると、以下のように定義されています。

　　　　自分が意図する一連の活動を実現するために、どのよう

な動きの組合せが必要であり、一つ一つの動きに対応した
記号を、どのように組み合わせたらいいのか、記号の組合
せをどのように改善していけば、より意図した活動に近づく
のか、といったことを論理的に考えていく力

　要するにプログラム言語を学ぶのが目的ではなく、プログラミングの根
幹にある、問題を解決するためには記号をどう組み合わせればよいかを論
理的に考えていく力を育むのが目的なのです。

教科の目標と創造的プログラミングの両立が課題

山内── 小学校にはプログラミング教育を行う専門科目がありませんから、
各教科の中でプログラミング的思考を育成することが求められます。「小
学校プログラミング教育の手引」には教科の中でプログラミング教育を行
う事例がいくつか例示されていますが、たとえば算数科において多角形を
学習する際に、「プログラミングによって正多角形を作図する学習活動に取
り組むことで、正多角形の性質をより確実に理解することを目指す」、とさ
れています。つまり、教科の目標と、プログラミング的思考の育成を両立
させねばならないのです。

　しかし教科の中でプログラミングを行うと、教科の目標を学ぶのがメイン
になり、プログラミングはその一手段になってしまう恐れがあります。たと
えば算数の時間に正六角形や正八角形をプログラミングを使って描く活動
をした場合、内角や外角など算数の知識の学習がメインになり、その知識
を用いて正多角形を描くにはどんなプログラムを組めばいいかという"ゴー
ル"に向かって、まっすぐ突き進んでしまいます。プログラミング的思考の
重要な要素である、プログラミングを用いて問題解決を"創造的に行う"こ
とが損なわれてしまうのです。

写真右より、東京大学大学院・池尻良平先生、長野県伊那市立伊那東小学校（当時）・田中愛先生、MITメディアラボ（当時）・村井裕実子先生、長野県飯山市立木島小学校（当時）・平田久貴先生、長野県塩尻市教育委員会（当時）・高橋和幸先生

　そこで我々は、教科の目標と創造的プログラミングを両立する方法を探るために、このプロジェクトを実施しました。

村井──　実践校としてご協力いただいたのは、長野県伊那市立伊那東小学校（当時）の田中愛先生です。田中先生はとてもプログラミング教育に熱意のある方で、以前から自分の学級を中心に、さまざまなプログラミング教育の実践を行ってきました。この田中先生と私と池尻先生、長野県教育委員会の先生方が中心となって、単元計画や指導案の検討、授業後の検証、教科の目標と創造的プログラミングを両立させるために必要な指針などの研究を行いました。

　まずは教科の目標と創造的プログラミングを両立できる教科と単元を検討した結果、今回は5年生社会科の米産業の単元を選びました。使用するのはスクラッチで、単元は全6時限。「米農家を応援するためのICTを用いた発明品を、スクラッチで創造する」こととしました。今回は社会科に

子供たちに紹介したスクラッチの機能

1	エディターに関する基礎知識	ステージ、ブロック、スプライト、背景などのレイアウトの紹介
2	スクラッチの基礎ブロック	・「緑の旗をおしたら」はじまる、などの「イベント」ブロック ・うごく、セリフを言うなどの動きに関するブロック ・他のブロックを挟むことによって活用できる「繰り返し」などのブロック
3	本授業で特に役立つブロック	スプライト同士のタイミングをつくる 「メッセージを送る」「メッセージを受け取る」ブロック

焦点を当てていますが、社会科と図工科を組み合わせた、教科横断型の学習にも位置づけられるようにしています。同じ授業を異なるクラスで合計3回行い、授業のたびに少しずつ改善しながら、授業デザインの原則の導出に取り組みました。

2. 単元計画と具体的な授業内容
1限目── スクラッチを体験する

村井── 多くの子供たちはスクラッチに初めて触れたので、最初にスクラッチを体験して慣れる時間を設けました。まずスクラッチの基礎的な機能五つを紹介し、先生が実演。どの機能を紹介するかは、先生方と何度も協議し、この単元で役立つ機能を厳選しました。

池尻── 実は1回目の実践時に音声を鳴らす機能を紹介したところ、子供たちはさまざまな音を鳴らすのに夢中になってしまい、時間がなくなってしまいました。そこで2回目以降の実践では、音声機能の紹介を取りやめ

ました。最初に紹介する機能を絞ることで、子供たちの自由さは維持しつつ、本時の学びからそれないよう工夫しました。

村井—— その後、「あっと驚かせるプロジェクト」をつくるというお題を設定し、一人ひとりに自由にプロジェクトをつくってもらいました。初めてスクラッチに触れるので最初は恐る恐るの子もいましたが、すぐに慣れた様子でした。

—— ここで作るプログラムは、本単元のテーマとは無関係なのですか？

村井—— はい。ここでは、自由にプログラミングすることで、スクラッチに慣れてもらうのがねらいです。実は1度目の実践で、ここで米産業に関するプログラムのサンプルを例示したところ、この例にひきずられ、最終的にみんなサンプルに似た作品になってしまったのです。

「正しい答えを出さなければいけない」というプレッシャーがあるのか、それとも「先生が例示したものと同じものを作れば間違いがない」という安全志向があるのか、先生が例示する威力はとても強いことを実感しました。これでは創造的プログラミングになりません。子供たち一人ひとりに自分なりの解決策を考えてもらって、自分なりにプログラミングで表現してもらうことが大切です。子供たちがスクラッチに慣れて作品づくりができるようになるためののヒントは与えつつ、それぞれが自由に独自の発想ができるよう、この方法にたどり着きました。

2限目—— 米産業の課題を提示。課題解決のアイデアを考える

村井—— 2限目は、社会科に関することを重点的に学び、考える時間です。今回のテーマである米産業と情報通信技術に関する基本的な知識を、スライドを使って紹介した後、米産業が抱える三つの課題点「重労働」「稲の健康管理」「売り上げの低迷」について、ストーリー仕立てで紹介しました。この小学校は周りに農家さんがたくさんいます。ストーリー仕立てで農家

子供たちに提示した米産業三つの課題ストーリー

農家の悩み３「売り上げ低迷」

「稲の健康管理」

農家の悩み１「重労働」

鈴木さん（80）の話

わたしは約10haの田んぼを持っている80歳の専業農家です。お米づくりは、4月に田おこしをして健康な土をつくり、5月に田植えをした後は、稲を刈る9月まで、適切な水位調節をして稲の生長を管理しないといけませんので、**重労働で大変**です。

は約5haの田んぼを持っている72歳の専〔　〕です。お米作りは種子選びから始めます〔　〕気のある銘柄かどうかだけでなく、病気に〔　〕どうかも基準にしています。それでも、定期〔　〕の状態を調べ、場合によっては農薬をま〔　〕いけないので、**稲を健康に保つことは大**

（図提供：東京大学大学院 情報学環 池尻良平）

の声として紹介することで、子供たちにもっと身近に感じてもらい、農家の立場になって一緒に問題解決を考えてもらうことを意図しました。

―― 三つの課題に絞ったねらいは？

村井―― 初期の実践では子供に自由に課題を設定させたのですが、課題のスケールにばらつきが出て、後の作品づくりに移行しづらいケースが出てしまいました。三つの課題を提示することで、子供たちに選択の余地を残しつつ、作品づくりをしやすいように工夫しました。

その後、ペアになって三つの課題の中から一つを選び、調べ学習を行いました。各課題に対応したプリント資料を事前にこちらで用意したほか、役立ちそうな本や資料などを教室の後ろに置き、子供たちが調べやすい環境を整えました。端末を使ってネットで調べる子もいました。

先生が知識を授けるのではなく、自分で目的を持って、主体的に調べさせるねらいです。調べた内容は、「調査シート」と呼ぶワークシートにまと

子供の書いたミッションシートの一例

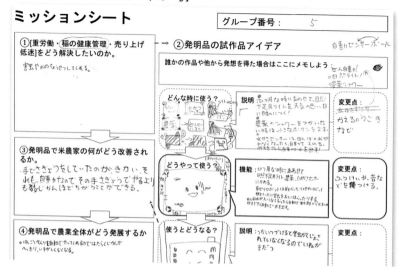

（写真提供：東京大学大学院 情報学環 池尻良平）

めてもらいました。

　調べ学習が一段落した後、いよいよ子供たちに本単元のテーマを発表しました。「これらの課題を解決するためにはどうすればいいでしょうか。『未来から来た発明家』になって考えていきましょう」と告げたのです。

──「未来から来た発明家」という設定がユニークですが、その意図は？

村井── 実現可能な解決策にこだわってしまうと、どうしてもみな似たようなアイデアになってしまいます。今回は、教科の学習と創造的プログラミングを両立させるのがねらいですから、「未来から来た発明家」と設定することで、現実可能か否かという制約を取り払い、自由に発想し、ユニークなアイデアが出やすいようにしました。

　そのため、思いつくままアイデアをたくさん出す「ブレインストーミング」という活動をここで行いました。子供たちには、「現実的じゃなくてもいい。

アイデアを否定しないで、思いつく限りのアイデアを出し尽くそう」と呼びかけ、ペアでブレインストーミングシートに書き出してもらいました。

池尻——出てきたアイデアをさらに具体化するために、「ミッションシート」というワークシートに書き込んでいきました。これは左写真のようなワークシートで、まず左側の①番に「農家のどの問題を、どう解決したいのか」を書きます。そして発明品のアイデアを右側の②番に書きます。その後また左側に戻り、③番に「その発明品で米農家の何がどう改善されるのか」、④番に「その発明品で、農業全体がどう発展するか」を書いていきます。左側が教科の学びに関する欄、右側が創造的プログラミングに関する欄という構造で、「自分の発明品＝プログラミング」と、教科の目標である「米産業の課題解決」のつながりを常に意識させる作りになっています。

3限目—— スクラッチでプログラミング

村井——3限目からは、2人で1台のパソコンを使って、いよいよプログラミングに取りかかります。活動にあたって、二つの活動ルールを提示しました。

第一のルールが、役割分担です。2人ペアのうち、1人がスクラッチでプログラミングする「実装係」、もう1人がスクラッチの機能や社会科に関する情報を探したりアイデアを考える「探索係」になろうと指示しました。この役割は単元の中程で交代する旨も告げ、すべての子供が両方の係を体験できるようにしました。

第二に、図（次ページ）のような「クリエイティブになるための3か条」を提示しました。そして、「失敗してもいいよ。失敗したらやり直せばいい」「お友だちの作品を見てまねをしたり、友だちに自分の作品を見せて、作り方や考え方をシェアしてあげましょう」「自分で全部やらなくていいよ。わからないことがあったら、知っている人を探して聞けばいいよ。逆に困ってる

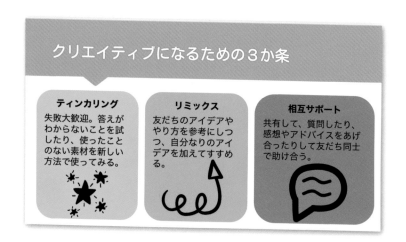

クリエイティブになるための３か条（写真提供：東京大学大学院 情報学環 池尻良平）

人を見つけたらアドバイスしてあげよう」と、子供たちに伝えました。これ
ら３か条は、普段の学習活動では必ずしも奨励されていないものかもしれ
ませんが、クラスみんなで創造的プログラミングを進めていくには、このよ
うな行動指針が大切だと考えました。

４限目── 中間発表とフィードバック

村井── ４時限目は、中間発表を行いました。プログラミングした作品を映
しながら、「発明品がどのように米農家の問題を解決しているのか」「これか
らどうしようとしているか」「今困っていること」などについて発表しました。

── 中間発表を行ったねらいは？

村井── 創造的な学習では、成果だけではなくプロセスもとても大事で
す。どんな意図でこの作品を作っているか、今後どう作り上げていくつもり
なのかと制作方針と過程を発表してもらうことで、子供たちがプロセスが
大事なんだと実感しやすくします。また、このペアは何を課題としてとらえ、

どう解決しようとしているかのプロセスがわかるので、完成したときにそのねらいがうまく達成できたかも見えやすくなります。

池尻—— 友だちの発表を聞いたら、おもしろかったこと、教えてあげたいアイデアやアドバイス、質問したいことなどを「コメントカード」に書き出して渡します。農家の悩みを聞いてくれる相談ロボットを作っていたペアには、子供たちから「具体的に何を聞いてくれるの？」という質問や、「声を出すブロックを使ってみたら？」とアドバイスが飛んでいました。

村井—— 先生も発表を見てコメントします。良い点をほめたり、社会科との関連性をより意識してもらうためにどんな点が重要であるかなどを、アドバイスします。

—— 先生はどんなコメントをしたのですか？

池尻—— 農家の悩みを聞いてくれる相談ロボットに対しては、「精神的なサポートをすることが重労働の疲れを癒やすことにつながりそうだね」と、コメントしました。この子供たちは、相談ロボットを思いついたものの、それがどう農家の課題解決につながるか、まだ見えていなかったんです。でもこのコメントを聞いて、子供たちは「農作業のつらさを精神面から解消する」という道筋が見え、農家の悩み相談に乗ることで農家のモチベーションがアップし、農業全体が活性化されていく、という具合に、うまく社会科の学習とつながりました。

5限目—— プログラミング再開

村井—— 友だちと先生のコメントを今後の制作方針に反映し、プログラミング作業を再開します。変更を加える際には、ミッションシートの一番右側の変更点を書く欄に記入します。子供たちがどのような試行錯誤や紆余曲折を経て作品完成に至ったかのプロセスを、後で評価するための工夫です。

6限目── 最終発表と振り返り

村井── 最後の6時間目に発表を行いました。中間発表と同様に、作った作品を映しながら、ミッションシートに基づいて、自分たちが解決したい問題、そのために考え出した解決策、それによって農家はもとより米産業全体にどんな発展がもたらされるかを、共有してもらいました。

たとえば「お米の消費低下」問題に取り組んだペアでは、お米をパンやパスタに加工して販売する自動販売機や、お米からバイオ燃料を製造する作品を発表しました。お米に新たな価値を与えることで、農家の収入がアップし、農業が発展すると考えたのです。子供たちの作品がプロジェクトのサイトに掲載されていますので、ぜひご覧ください（創造的プログラミングと小学校教科学習を両立させる授業のデザイン https://fukutake.iii.u-tokyo.ac.jp/affiliate/google/scratch/ ）。

先生はその発表を見て、中間発表と同様に作品の良いところや、教科と関連する点について、コメントし、評価しました。

教科の目標と創造的プログラミングは両立できたか

── 実践の内容はよくわかりました。成果について教えてください。教科の目標と創造的プログラミングは両立できたのでしょうか？

池尻── 授業後に、スクラッチで作った作品、制作過程、ミッションシートやコメントシートなど子供が書いたワークシート、ビデオで録画した教室内での言動などから、各児童に対して評価を行いました。結論から言うと、ほぼ100％に近い形で、創造的プログラミングも教科の目標も達成できました。

例えばあるペアは、「稲の健康管理」問題を解決するために、田んぼにセンサーを設置して、害虫駆除や水量調節を自動で行うというアイデアを出しました。天気が悪い日には自動で日照ライトがついたり、ロボットが害

虫を駆除してくれるのです。今まで人が行っていた作業を機械が代行してくれるので、農家の方は助かる。農家の人手不足問題と多忙さの問題が解消されるので、農業全体の発展にもつながる、とまとめました。

　制作を進めていく中で、子供のアイデアはどんどん変化して創造性を発揮し、教科の学びも深まっていきました。あるペアは、「稲の健康管理」のために、田んぼに水を自動で入れるアイデアを考え出しました。最初は水を1回だけ入れるプログラミングを作っていたのですが、「探索係」が「田んぼって水を1回入れればいいのではなく、天候や生育に合わせて水を入れたり減らしたりしなきゃダメらしいよ」と資料から発見。また中間発表で友だちからもらったコメントなども反映し、水量を細かく調整するプログラムへと改善していきました。

3. ICTだからこそできたこと
スクラッチは「表現ツール」

—— このような成果は、スクラッチや1人1台などのICTを使ったからこそ、なのでしょうか？　紙ベースでは難しいのでしょうか？

村井—— スクラッチは子供が試行錯誤しやすいのが大きな特徴です。スクラッチでは、プログラムを組む画面とプログラムを走らせた画面が同一画面上に表示されます。画面の左側にブロックを並べてプログラムを組むと、画面右側ですぐに動きます。プログラムを試作し、その動きを見てどこが意図した通りになっていないかを分析し、プログラムを改善するという試行錯誤を、高速かつシームレスに繰り返せます。

山内—— 試行錯誤を繰り返して、意図したものに近づいていくというプロセスが、創造的な学びではとても大事です。スクラッチはそのプロセスを行いやすくしてくれます。

池尻── 紙や板書で行うアンプラグドなプログラミングに比べ、表現力の幅が段違いに広いのも、スクラッチの特徴です。アニメーションやゲームなど、動くモノを作れる楽しさ、創造力を発揮する楽しさを子供たちは味わえます。

村井── そもそもスクラッチは、プログラミングを学ぶためのツールではなく、子供たちが表現する道具として作られたツールです。スクラッチの特徴は、「低い床・高い天井・広い壁」と言われます。子供でも簡単に始められる敷居の低さでありながら、作り手のスキルやアイデア次第で、アニメだろうがゲームだろうがかなり複雑なものも作れるのがスクラッチです。子供たちのどんなアイデアでも表現できる、創造性を存分に発揮できるツールなのです。

池尻── 表現の幅が広がれば、アイデアの幅も広がり、思考力・判断力・表現力も伸びやすくなります。今の子供たちは、こうしたデジタル表現に慣れています。紙ベースのみの授業ではできなかった表現ができる子もいます。もちろん紙で表現する方が得意な子もいます。表現の手段を多様にしてあげることで、普段の紙ベースの授業とは違う、自分らしさを発揮する子供が出てきます。今回の実践でも、普段の授業ではあまり目立たない子供が率先してプログラミングに取り組み、わからない友だちには教えてあげたりと大活躍する姿が見られ、先生方も驚いていました。

　クラウドならではの良さも確認できました。スクラッチは、他の人の作品がクラウド上にアップされているので、参考にすることができます。その作品をコピーしていじってみたりアレンジしてみて、プログラムのコツをつかんでいくことも容易です。プログラミングの最初の一歩を踏み出しやすいのです。

村井── 友だちの作品をコピーしたり、つけ加えてアレンジしたりすることは、紙ではなかなか難しいですよね。でもスクラッチなら、子供同士で作品を共有し合ったり、協力しながら作品を作り上げていくことができます。協働的な学びを行いやすいと思います。

山内——「プログラミング教育は、プログラミング的思考を育むのが目的なのだから、必ずしもコンピュータを使って行う必要はない」と、紙ベースで行おうとする方もいます。しかし紙では不可能なことが、このようにたくさんあります。コンピュータ独特の機能を用いながら、試行錯誤を繰り返して問題解決をしていく力を身につけることが求められているのです。これは諸外国では、一般的にコンピュテーショナルシンキングと呼ばれています。

1人1台ならではのメリット

—— そのスクラッチを、1人1台で用いることで、どんな良さが生まれますか?

村井—— 一人ひとりのアイデアや興味を活かした授業作りや学習活動ができると思います。今回の実践では、1人1台の端末を使って、必要な情報をネットで調べる子供がたくさんいました。今までは、知識を得るソースは、先生に教わるか、教科書や資料集を読むなどに限られていました。しかし1人1台であれば、自分で情報を探し、必要な知識を学べます。学びが主体的になり、深まっていくと思います。

池尻—— 今回の実践では、「家に端末を持ち帰ってプログラミングの続きをしたい」という子供がたくさんいました。そんな姿を見て、担任の先生方はとても喜んでいました。「もっと学びたい!」という意欲が出てきたときに、1人1台端末があれば、授業外の時間でも自主的に学べます。家に端末を持ち帰って、保護者と一緒に学ぶことも可能です。授業と授業外の学習との接続がとてもスムーズになります。

村井—— 学校でプログラミングを取り入れる以上、子供たち全員ができるようになることが大切だと、私は考えています。プログラミングが得意な誰かに任せるのではなく、一人ひとりがアクティブな参加者になって、プログラミングを用いて問題解決に取り組めるようになることが、情報社会では求められます。

コンピュータを用いなくても、問題解決はできます。しかしコンピュータを使うことで、できることの幅が広がります。そのことを授業を通して体験し、スキルを伸ばし自信をつけておけば、将来社会に出たときにとても役立つと思います。

山内——ICTはとても強力なツールです。このツールを子供たちのエンパワーメントのために使えば、一人ひとりの可能性が引き出され、開花します。そういった体験を学校教育で積ませて、スキルや自信を養うことが求められています。

4. 教育現場で実践する際のポイント
教科学習と創造的な学びを両立させる六つの手順

—— このような実践を行うには、どのような点に留意して授業をつくり、進めていけばいいのでしょうか？

村井——この実践を通し、他の授業にも適用できそうな「創造的プログラミングと教科学習を両立させるコツ」を抽出したのが右の六つの手順です。

　緑色は、プログラミング前に行うこと、ピンクは課題設定に関連すること、青色は授業の進行プロセスとなっています。

　一つめの手順として、数を絞ってプログラミングの機能を紹介し、子供たちに自分で探索してもらいます。二つめの手順としては、身近で具体的な課題を設定します。ストーリー仕立てにすることによって、実際の問題であるということを肌で感じさせます。三つめの手順では、今回「未来の発明家となって農家が抱える問題を解決する」という課題を設定したように、やや意外な設定をすることで、子供たちが自由にアイデアを出せるようにします。

　四つめの手順では、もの作りをしながら学び合うのに役立つヒントという形で、先にも述べた三つの行動指針「ティンカリング」「リミックス」「相互サポート」を示します。五つめの手順としては、「実装係」「探索係」と

創造的プログラミングと小学校教科学習を両立させる六つの手順

> よく使うプログラミングの機能を数を絞って紹介する

> 身近で具体的な課題を設定する

> やや意外な状況設定をしてアイデアの創出を促す

> 創造的な活動のための行動指針を提示する

> 「実装係」と「探索係」といった役割分担を作って協働作業を促す

> 単元の中間と最後に共有機会を設けて最低2回フィードバックする

（図提供：東京大学大学院 情報学環 池尻良平）

役割分担することで、お互いに重要な役割を担いながら協働できる体制にします。六つめの手順としては、単元の中間と最後に発表・共有することとし、先生や子供がコメントしてフィードバックする機会を設けます。

── この六つのポイントを授業に取り入れるには、どんなことに気をつければよいですか？

池尻── まず第一に大切なのが、授業っぽくなく堅苦しくない、自由に発想できる雰囲気づくりです。

今回の実践でも、最初子供たちは緊張して、堅苦しい感じでした。「失敗できない。正解を見つけなきゃいけない」とプレッシャーを感じていました。これでは、自由に発想し、自分なりのアイデアを創造するのが難しくなります。

そこで授業で使う言葉を、意図的に変えました。「授業の課題」という言葉に代えて「ミッション」、「作品」ではなく「発明品」と呼ぶなど、普段の授業とは違うことがわかる言葉、子供たちがわくわくするような言葉を取り入れました。

二つめのポイントが、「自由と制約」のバランスです。いかに自由に創造させつつ、教科の学びから外れないようにするか。プログラミングに熱中すると、ついつい社会科の目標とズレてしまいがちです。その際に、「社会科の学びにつながってないよ！」と先生が高圧的に叱ってしまうと自由に発想する雰囲気が壊れてしまいますし、子供が先生の顔色をうかがいながら、先生が気に入る正解を探そうとしてしまいます。

　今回の実践では、そこをうまくコントロールする柔らかい言葉遣いを心がけました。教科の目標からズレていたら、「ダメだよ」と制止するのではなく、「ミッションシートの左側（教科の目標につながる部分）もちゃんと書こうね」とか、「社会科の調査もしてみたら？」と、前向きな言葉で軌道修正を促していました。

村井―― 理想は、子供たちが自分で軌道修正できるようになることです。自分で課題意識をしっかり持ち、「この課題を解決するためには何が必要だろうか」と意識していれば、たとえ少し脇道にそれたとしても、「こんなことしてる場合じゃない」と自覚でき、軌道修正できます。だからこそ授業の冒頭で、「みなさんは発明家です。発明家としてこの問題を解決するミッションに挑みます」と訴えかけ、「発明家」としてこの問題を解決していくという使命感や主体性を持ってもらおうとしました。

山内―― プログラミング教育は、最近までは基本的に学校外で行われてきました。学校外での学習は強制力もありませんし、点数もつかない世界です。だから学習者本人が主体的に取り組めるように、村井先生が言ったような工夫を取り入れてきました。これからは、そういった工夫を学校教育にも取り入れる必要があります。今まで培った授業の方法論や前提を、少し疑ったり崩していく必要があります。

池尻―― 三つめのポイントは、チームティーチングを行うことです。今回の実践でとても良かったのは、村井先生と私とで役割分担できたことです。

村井先生はプログラミングを中心に見守って指導し、私は社会科の学びになっているかを中心に指導しました。

　教科の目標と創造的プログラミングの両立を、たった1人の先生で実現するのはとても大変です。英数国理社が得意な先生であれば、例えば図工や情報の先生に入ってもらって2人体制をつくり、それぞれ何を中心に見て指導するかを役割分担するとよいでしょう。

子供と先生がインタラクションする機会をつくる

村井——最初の実践を行ったときに、先生方から「この授業は社会科"風"だね」と指摘されました。社会科の授業の中にうまくスクラッチを組み込んだつもりが、先生方からすれば社会科の授業としては不十分だったのです。

　何が不十分なのか掘り下げてみたところ、先生と子供とのインタラクション（相互作用）が不足していることがわかりました。社会科の授業では、子供たちが意見を出したときに、「なぜそう思うの？」「どこで調べたの？」と、先生が質問して掘り下げていき、子供はそれに答えることで、曖昧だった考えを言語化して明確にし、深めていきます。こういった先生と子供のやりとりが足りなかったのです。

　しかしクリエイティブな学習活動では、こうしたインタラクションを行うのは容易ではありません。子供たちは個別やペア、グループで活動を行いますし、取り組む課題もスピードも、悩みもそれぞれ異なるので、インタラクションを行うタイミングを取りづらいのです。また、インタラクションを行うための情報も不足しています。「この子は何を意図して、これを作っているのか」「最終的にどんな作品にしたいのか」などが、普段の授業に比べるとわかりづらいのです。

　そこで取り入れたのが、中間発表です。子供たちに中間発表してもらう

ことで、先生がインタラクションを行うのに必要な情報と機会を得られるようにしました。

　教科の目標と創造的プログラミングを両立させるには、子供とのインタラクションを行うことがとても大事です。そのためにはインタラクションに必要な情報を得る機会、インタラクションする機会を意識的に設けるとよいでしょう。

5. 先生方へのアドバイスとメッセージ
授業づくりのアドバイス

—— 読者の方々へアドバイスをお願いします。まず何から始めればよいのでしょうか?

池尻—— すべての授業でプログラミングを入れるのは、現実的ではありません。でも、各教科にプログラミングと相性のいい単元があります。プログラミングの強みである「モノを作る」「アルゴリズムを意識して構造的な動きを理解する」「自分で操作する」といった要素と相性の良い単元を探してみてください。たとえばご協力いただいた先生方が提案していたのが、理科の「火山」の単元。マグマが溜まり、火山が噴火する様子をアニメーションで作ってみるのもいいと思います。

村井—— プログラミングのようにモノを作る活動や自分で探究していく活動に、水を得た魚のように取り組む子供もいれば、逆に縮こまってしまう子供もいます。学級の子供たちの様子を見ながら、調整し、アレンジすればよいでしょう。

　最初から個人で作品作りをするのが難しいようであれば、まずは例や他の子供たちの作品などをまねさせてみて、慣れさせ、安心させるのもよいと思います。子供たちにとってどこが難しいのか、何ならできそうかを見定めて、少しずつ慣らしていきましょう。

　また今回の実践のような創造的な学習では、子供たちに知識を教えるよ

りも、子供たちが「自分で知識を習得していくスキル」を教えてあげること
が大切になります。たとえば、役立つ情報の所在を教えたり、ネットでの
情報検索の仕方や友だちへの質問の仕方を教えたり、そういったところか
ら創造的な学習はスタートします。

池尻—— 子供たちがプログラムした作品を、教室の掲示物のようにみん
なで共有するのもおすすめです。教室の壁に習字や絵などの作品を貼る
ように、クラウド上にプログラミング作品を上げて、みんなで見合うのです。

　作品だけでなくプログラミングの中身も見られるのが、スクラッチの良さ
です。組んだプログラムを見ることで、その子の考え方や個性を知ること
ができ、お互いに認め合うようになります。クラウドでの共有なら、クラス
内に限らず、他学級・他学年、別の学校や保護者、世界の人たちに見て
もらうこともできます。たくさんの人に見てもらうことは、子供にとっていい
刺激になり、意欲向上につながるでしょう。

先生も子供も、プログラミングを楽しもう

—— 最後に、読者へのメッセージをお願いします。

村井—— スクラッチは表現ツールです。プログラミングという新しい言語を
教えると考えるのではなく、子供たちに新しい表現ツールを与えるのだと考え
てみてください。今まで子供が使える表現ツールは、文章や絵、工作などが
中心でしたが、そこに新たな表現手段としてプログラミングが入るのです。

　子供たちは、我々大人が思っている以上に、とてもたくさんのことを考え
ています。その多種多様な考えを、絵や文では表せない考えを表現する
ツールを与えてあげる。それが、プログラミング教育の重要な使命の一つ
だと私は考えています。

　子供に表現させるツールだと認識すれば、どの教科のどの単元でプログ

ラミングを行えばいいか、アイデアもわいてくるはずです。

山内── まずは先生自身にプログラミングを楽しんでほしいと思います。先生が不安そうな表情で「創造的に楽しくプログラミングしましょう」と子供たちに呼びかけても、子供たちはのってきません。

　先生方がプログラミングを恐れたり不安になるのは、使った経験や楽しんだ経験がないからです。まずは自分がスクラッチを楽しみましょう。そうすれば、「この楽しみを子供たちにも味わってほしい」と前向きになれるはずです。

村井── 楽しむためには、「先生がプログラミングに精通していて、子供にすべてを教えなければならない」という気負いを捨てましょう。先生が全部知っていなくてもいいんです。子供たちは教え合うことができますし、それでもわからなければ自分で調べることだってできます。

山内── 今、学校では読み書きを当たり前のように教えていますが、数千年前のエジプトでは、書記のような特殊な職業の人しか、読み書きできませんでした。そこからとても長い時間をかけて、読み書きはすべての人が享受すべき重要な道具になりました。時間はかかるでしょうが、プログラミングもそうなっていくはずです。

　だからこそ先生方は、プログラミングの大切さを子供たちに伝えてほしいと思います。学習指導要領に書いてあるからプログラミング教育に渋々取り組むのではなく、子供たち一人ひとりの可能性を多様な方向に花開かせるためにプログラミング教育を行うのだと考えていただけるとうれしいです。

　小学校ですべてを教える必要はありません。中学校や高校、大学でもプログラミングは学びます。小学校ではまず入り口として、プログラミングで表現する楽しさや、プログラミングで表現できることを体験させてあげてください。その体験を出発点に、子供たちはプログラミングを学び続け、将来花開かせることになるでしょう。

あ と が き

　新型コロナ禍によって大学は大きく変わりました。オンライン授業は日常になり、対面授業が再開されてもオンライン学習と組み合わせるハイブリッド型の授業が主流になるでしょう。今はまだ学習機会の確保が主眼になっていますが、今後デジタル技術を活用してより高度な学習を実現するための挑戦が行われるようになってくるはずです。

　一方、小学校・中学校・高等学校の現場は、GIGAスクール構想によって大学同様の変化のための前提が整うことになります。今後この基盤を使い、すべての学習者が自らの可能性を開花させるすばらしい授業がどんどん出てきてほしいと考えています。

「小さくて確実な成功」を積み重ねる

　情報通信技術を用いた教育実践は今始まったわけではなく、1980年代からすでに40年以上の歴史があります。時代によってスポットライトが当たる使い方は違いますが、成功している事例には共通点があります。

　それは、上手に試行錯誤しながら、実践を「育てている」ということです。この本で取り上げた事例も、一朝一夕でできたわけではなく、実践を積み重ねた結果たどり着いたものです。最初から高度で複雑な実践を目指すのではなく、「小さくて確実な成功」を積み重ねていくというイメージを持つとよいと思います。もちろん、うまくいかないことも出てくるでしょうが、実践がコンパクトであれば、問題を焦点化することができます。一つひとつの問題を個別に乗り越えていく中で、創造的な工夫が蓄積されていくでしょう。

学習環境の4要素

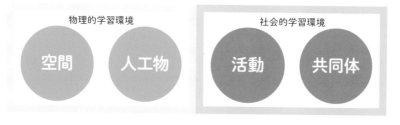

（出典：山内祐平『学習環境のイノベーション』東京大学出版会、2020年）

テクノロジーが直接学習に結びつくわけではない

　現場の教員であればテクノロジーを導入すれば自動的に学習が深まるという素朴な楽観論を持っている人はいないと思いますが、具体的にテクノロジーをどう学習に結びつけるかについては悩んでいらっしゃる方も多いようです。

　私は学習者の周りにある環境を空間・人工物・活動・共同体の4種類に分けて考えていますが、物理的学習環境である人工物の情報端末が学習につながるためには、社会的学習環境である活動や共同体のことを考える必要があります。

　例えば、PART 4のプロジェクト学習で使われた Google スプレッドシートが可能にしていることは、学習者の思考プロセスを一定のフォーマットで共有し、教員がリアルタイムにフィードバックすることです。つまり、人工物は情報流通の制御をしているわけです。この情報流通の制御が学習者同士の対話や学習者と教員の対話を喚起し、葛藤を乗り越えるための対話が創造的思考を誘発します。つまり、テクノロジーは直接学習に結びつくわけではなく、学習活動を媒介とする必要があるのです。テクノロジーを起点に考え

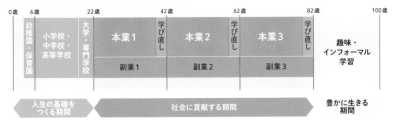

平均寿命100歳を想定した人生模式図

（出典：山内祐平『学習環境のイノベーション』東京大学出版会、2020年）

るのではなく、より望ましい学習活動を実現するためにテクノロジーをどう使うかという順序で考える方が、結果としてテクノロジーの意義が活きる実践になるのです。

次世代型情報活用能力が学習社会の基盤をつくる

　この本を読まれている先生方は、子供たちの未来のために少しでも役立ちたいという思いで日々教壇に立たれていることと思います。

　PART 1で今後の社会の変化の三つのポイントの一つとして「長寿命化」を挙げました。今後100歳まで生きることは珍しくなくなってきますが、目の前の子供たちが100歳まで生きるとしたらどのような未来が待っているか想像してみてください（上図）。

　この図は現在と同じく寿命まで20年間程度余生を送ると仮定した場合の、人生模式図です。70歳から80歳まで働く人は珍しくなくなるでしょう。また、変化が激しい社会であることを考えれば、仕事や専門性を変更することも日常的になると思います。このような社会では、大学を卒業しても学び続ける必要があります。

一方で、学校教育の期間を延長することはコスト的に難しい状況です。幼児教育から大学教育まで20年の教育の成果が、その後60年にわたる生涯学習を支えることになるのです。

　だからこそこの20年の教育を濃密なものとし、より高度な学習経験を提供する必要があります。その核になる重要な概念が「次世代型情報活用能力」です。

　情報活用能力が定式化された1990年代において、仕事で使われる情報活用のイメージは、いわゆるオフィススイートなどのアプリケーションの利用とインターネットによる情報収集でした。しかし、それから20年以上経ち、アプリケーションの利用やインターネットによる情報収集はキーボード操作と同じレベルの基盤的なスキルとなりました。今注目されているのは、情報通信技術を利用して新しい付加価値を生み出すデジタルトランスフォーメーションになっています。PART 1 で述べた情報活用の「真正性」、情報活用の「社会性」、情報活用の「成果」という観点は、このような背景から出てきたものです。

　このような情報活用能力の変化は、今後も起こり続けることでしょう。今から20年後、2040年頃には社会で活躍している卒業生は次の新しいスキルを身につけるために学び続けているはずです。次世代型情報活用能力は未来の学習社会の基盤になるのです。

山内祐平

参 考 文 献

『GIGAスクールはじめて日記　── Chromebookと子どもと先生の4か月』（著／棚橋俊介、西久保真弥、監修／堀田龍也、佐藤和紀、三井一希、渡邊光浩、さくら社、2021年）

『学習環境のイノベーション』（著／山内祐平、東京大学出版会、2020年）

『ライフロング・キンダーガーテン 創造的思考力を育む4つの原則』（著／ミッチェル・レズニック、村井裕実子、阿部和広、伊藤穰一、ケン・ロビンソン、訳／酒匂寛、日経BP社、2018年）

『マインドストーム　子供、コンピューター、そして強力なアイデア』（著／シーモア・パパート、訳／奥村貴世子、未来社、1995年）

『創造する心　── これからの教育に必要なこと』（著／マービン・ミンスキー、シンシア・ソロモン、訳／大島芳樹、オライリー・ジャパン、2020年）

「wutan」2019年1学期号・2学期号・3学期号、2020年1学期号・2学期号・3学期号、2021年1学期号（特定非営利活動法人全国初等教育研究会）

「チエルマガジン　小学校・中学校版」2019年春夏号・秋冬号、2020年春夏号・秋冬号（チエル株式会社）

「ウチダ教育用デジタルコンテンツカタログ」令和2年度版、令和元年版（株式会社内田洋行）

堀田龍也 ほりた・たつや　　1964年熊本県生まれ。東北大学大学院情報科学研究科教授。東京都公立小学校教諭を経て、教育工学を専門とする研究者となる。文部科学省参与を5年間併任。中央教育審議会にて現行学習指導要領の策定に関わり、ICT関連の内容に寄与。「学校におけるICT環境整備のあり方に関する有識者会議」座長として方針をとりまとめた。著書、編著多数。

山内祐平 やまうち・ゆうへい　　1967年愛媛県生まれ。東京大学大学院情報学環教授。大阪大学助手、茨城大学講師、准教授を経て現職。研究テーマは「学習環境のイノベーション」。積極的に自らの学びをデザインする存在として学習者をとらえ、そのプロセスを支援する新しい仕組みについて研究している。著書多数。

クラウドで育てる
次世代型情報活用能力
Google for Education による新しい学び

2021年5月2日 初版第1刷発行
2021年9月26日　　第2刷発行

編著者　　堀田龍也　山内祐平

発行人	杉本隆	取材・文	長井 寛
発行所	株式会社 小学館	装画	岡本かな子
	〒101-8001　東京都	装幀・組版	近田火日輝（fireworks.vc）
	千代田区一ツ橋2-3-1	編集	白石正明
電話	編集 03-3230-5683	宣伝	阿部慶輔
	販売 03-5281-3555	販売	斎藤穂乃香
印刷	凸版印刷株式会社	制作	酒井かをり
製本	株式会社 若林製本工場		木戸 礼